本书为"关于日本文化现代化进程的测量 北京外国语大学2023年度'双一流'建设重大（点）标志性项目"（批准号：2023SYLA005）的中期成果

日本社会亲密关系现代化进程研究

徐田奇 著

上海大学出版社

·上海·

图书在版编目(CIP)数据

日本社会亲密关系现代化进程研究 / 徐田奇著. -- 上海：上海大学出版社, 2025.5. -- ISBN 978-7-5671-5208-3

I. D731.38

中国国家版本馆 CIP 数据核字第 20251P9E05 号

责任编辑　陈　荣
封面设计　缪炎栩
技术编辑　金　鑫　钱宇坤

日本社会亲密关系现代化进程研究

徐田奇　著
上海大学出版社出版发行
（上海市上大路99号　邮政编码200444）
（https://www.shupress.cn　发行热线 021-66135112）
出版人　余　洋

*

南京展望文化发展有限公司排版
上海华业装璜印刷厂有限公司印刷　各地新华书店经销
开本 710mm×1000mm　1/16　印张 12.75　字数 195 千
2025 年 5 月第 1 版　2025 年 5 月第 1 次印刷
ISBN 978-7-5671-5208-3/D·269　定价　78.00 元

版权所有　侵权必究
如发现本书有印装质量问题请与印刷厂质量科联系
联系电话：021-56475919

序

欣闻徐田奇博士的著作《日本社会亲密关系现代化进程研究》即将付梓出版，作为她的博士论文指导教师，首先向她表示祝贺。

我所在的北京外国语大学北京日本学研究中心是中日两国政府合作创设的研究生培养机构，旨在培养助力中国现代化建设、中日两国教育文化交流的专业人才。北京日本学研究中心素来有日语学界的"黄埔军校"的美誉，在其三十多年的发展历程中，为中国日语教师的培养做出重大贡献。中心有全国独一无二的"以社会学的方法研究日本社会"的专业——社会专业，也培养了大量高水平的研究日本社会的人才。徐田奇博士正是本人指导的20名日本社会研究方向的博士之一。徐博士出于对日本文化的研究兴趣，毅然在硕士毕业后从管理学转向社会学，从头开始学习以社会学的方法研究日本文化，并且大胆挑战国内学界大部分人不敢触碰的性社会学领域。其在经过东京大学文学部社会学研究室一年的交换留学后，得到赤川学等日本著名学者的指导，以日本社会战后性观念变迁为课题，顺利完成了博士论文，并得到了匿名评审专家的认可，按时获得了博士学位。毕业后，徐博士进入上海大学博士后工作站继续进行相关领域学术研究，后又在东京大学、剑桥大学做访问学者，从国外引入"亲密关系"的概念，出版了关于亲密关系现代化的研究专著，进取之心可敬可贺。

"亲密关系"概念是近年国际社会学界从"性意识"概念拓展而来的流行概念，它突破了性社会学的界限，把性意识和性行为研究拓展到了婚姻社会学、家庭社会学和性别社会学等领域，更易于各学科学者进行跨学科的交流和讨论，也破除了性意识本身的神秘性。徐博士的新书对这一重要概念进行了梳理和重新定义，并首次运用"亲密关系"概念对战后日本社会相关层面的现代化进行了分阶段探索，虽然短时间内尚无法断言她的研究达到了完善的境地，但这种创新和勇于探索的实践，但无疑拓展了国内对日本社会研究的新层面，对后来学者具有重要的参考和借鉴价值。我长期以来也一直关注日本社会性风俗和文化的变迁，但因始终忙于经济社会学和文化社会学等方面的研究，未能直接介入这一领域，故而把希望寄托在了徐博士身上，相信徐博士会代替我完成此一领域的学术使命。此次新著的出版定是一个很好的开端。

北京外国语大学北京日本学研究中心教授、博士生导师　周维宏

于京东运河寓所

2025.5

目 录

导论 / 001

第一章 亲密关系与现代化 / 007

第一节 亲密关系概念界定 / 007

第二节 亲密关系学术史梳理 / 009

第三节 日本社会亲密关系相关研究 / 013

第四节 现代化进程对亲密关系的影响 / 016

第五节 日本社会亲密关系研究框架 / 043

第二章 经济恢复期的亲密关系变迁（1945—1955）/ 050

第一节 社会背景 / 050

第二节 个人层面：纯洁教育的影响和作用 / 056

第三节 家庭层面："家"制度的解体 / 062

第四节 社会层面：对风俗业的打压 / 065

第五节 案例："潘潘"女郎与查泰莱夫人的世纪互证 / 067

第三章 经济增长期的亲密关系变迁（1956—1988）/ 078

第一节 社会背景 / 078

第二节 个人层面：性教育的进一步影响 / 082

第三节 家庭层面：晚婚及"男主外，女主内"模式 / 086

第四节 社会层面：对出版物及性产业的管制 / 089

第五节 案例：影像亲密性与舞台性别操演的昭和演绎 / 091

第四章 经济低迷期的性观念变迁（1989年至今）/ 109
    第一节　社会背景 / 109
    第二节　个人层面：青年亚文化繁荣 / 115
    第三节　家庭层面：开始出现家庭"主夫" / 118
    第四节　社会层面：无实质作用的同性婚及对风俗业的管制 / 120
    第五节　案例：厌女镜像与亚文化乌托邦的平成罗曼史 / 123

第五章 日本社会亲密关系变迁特征及影响分析 / 140
    第一节　从历史社会学视角分析日本社会亲密关系变迁及特征 / 140
    第二节　"压缩现代化"对日本社会亲密关系的影响 / 149
    第三节　日本社会亲密关系现代化进程对我国的启示 / 160

结语 / 169

参考文献 / 171

导论

本书的核心思路是依据现代化理论，将亲密关系作为考察日本社会现代化发展的重要组成部分之一，考察日本近代的亲密关系变迁，以期进一步认识日本的现代化发展。其中昭和后期（1945—1989）为日本现代化第一阶段的完善阶段，从平成时期（1989—2019）开始进入现代化第二阶段，呈现"压缩性现代化"的特征，这一时期亲密关系的变化更加多元，形式也更加丰富。作为目前国内学术界为数不多的日本社会亲密关系研究，本书将紧紧抓住"亲密关系"和"现代化"的定义，以近代日本社会变迁为基础，探讨"现代化"对"亲密关系"的影响。

本书脱胎于本人在2022年11月完成的博士论文，通过从历史社会学视角分析日本社会性观念变迁，得出了初步结论：经济现代化的发展为日本亲密关系的观念带来激进的一面，然而由于思想文化在现代化进程中发展滞后，日本亲密关系观念仍然趋于保守，呈现出矛盾的一面。

目前国内外学术界聚焦较多的"亲密关系"研究是一大热点，然而在寻找相关参考资料的过程中，笔者始终有种冗杂、不成体系的困顿感，尤其是部分学者也会将"亲情""友情"纳入亲密关系研究中，使得研究对象变得难以界定。经过反复思考和深入解读，笔者认为"亲密关系"通常包含如下三个特征：第一，有特定的情感、身体或者信息上的紧密联系，或是准备发展出这种紧密联系；第二，发生在人们通常认为的"私人"领域；第三，由浪漫爱和/或欲望、接触产生。同时，"亲密关系"不仅存在于异性恋者之间，也同样存在于非异性恋者群体之间。

"亲密关系"不同于传统的强调个人层面认知的概念，它着重强调人际关系，而日本社会亲密关系的特殊之处，即是无缘社会[1]下各种羁绊的拉扯和疏离。如若讨论日本人对亲密关系的看法，仅仅讨论性观念是不充分的，更需要强调社会文化、社会规范的影响，同时也更能展现日本特色。可以说，亲密关系属于上位观念。研究日本社会亲密关系，既应当探讨人们对于亲密关系的一系列看法，也要通过总结资料和社会现象展现亲密关系的实态，还应当结合日本社会发展的大背景探讨亲密关系的影响。

一、写作背景

纵观当今日本社会，存在诸多"反常"的亲密关系，例如2009年《纽约时报》刊登了一篇关于一名日本男子爱上抱枕的报道，抱枕上印有当时流行的视频游戏的青少年角色。作者在报道中详述了其对待抱枕女友的方式：小心翼翼，会带她一起坐车，一起去餐厅，并和她交谈，把她当作真实的人，并声称"她改变了我的生活""我很乐意生活在二次元"。虽然这一报道只针对该男子一人的恋爱故事，但却折射出当今日本社会围绕"亲密关系"的诸多问题。片山在该篇文章中引用了"2-D恋爱"（2-D love）这一术语，代表人类与虚拟角色之间的浪漫关系，并认为"2-D恋爱"的兴起可以部分归因于许多日本年轻人在现代恋爱生活中遇到的困难。通过引用一系列数据，例如"无恋爱经验的年轻人比例高""年轻人约会次数少"等，片山呈现并刻画了日本社会亲密关系中的诸多问题，与美国新闻媒体中常出现的对日本人思维方式"扭曲"的描述非常吻合，即日本人常被描述为"人类的极端"：群体导向，集团主义，但无法形成真正的感情；在亲密关系层面，对性着迷但实际上不会有任何性行为，礼貌又克制；对无生命物体有着恋物癖，但却会因为这些偏好而无法与他人建立真正的浪漫关系。

事实上，近年来大量新闻报道都集中在日本亲密关系的特定方面，例如日本有专门的离婚仪式，日本单身女性在没有新郎的情况下举办婚礼，日本男性为了挽救婚姻而大声向妻子表达爱意，日本性行为频率低但婚外情频率高，等等，大部分媒体报道都将日本人的亲密关系描述为"亢奋又节制"，过度关注性但实际上无法说服任何人与他们同床共枕。

---

[1] 指人与人之间关系极其脆弱的社会，具体表现为家庭关系、地缘关系、职场关系的断裂。

由此看来，日本社会亲密关系在"无缘社会"这一背景下显得更加特点鲜明，即"外在"与"内里"之间存在很大的矛盾和割裂。这一问题似乎能从第二现代化理论中找到解释。韩国学者张庆燮（1999）认为东亚国家现代化是一种"压缩了的现代化"，即东亚国家的现代化大都是追赶型现代化，把第一现代和第二现代压缩成一个阶段。北京日本学研究中心周维宏教授（2020）在总结富永健一和张庆燮观点的基础上，通过实证研究，证实了日本现代化进程中存在顺序颠倒和时间压缩问题，认为日本从1868年明治维新开始，以压缩式的100年时间赶上了欧美近300年的第一阶段现代化进程，1990年以后进入第二现代社会，比欧洲晚了25年。这种压缩式发展，只在经济方面大有成效，但思想形态方面却远远落后，形成"意识形态真空"，带来了个人主义观念的缺失、近代（现代）家庭的出现和瓦解、双重产业革命并存、集中民主政治和分散民主政治并存等问题。

压缩现代化所带来的后果，体现在日本社会亲密关系的变迁中，也有着多样的表现和形式。

与西方不同，日本作为一个后进国家，在经济飞速发展的同时，国民的意识形态中还存留着东方封建思想的残余。1970年11月25日，三岛由纪夫自杀现象被评论为"由同性爱、阳明学和天皇崇拜拼接出的一幅灿烂华丽的马赛克拼图"，当时很多日本知识分子都认为，在高速发展的日本，整个社会都在病态之中。1989年，日本全国生育率降至仅为1.57，低出生率问题首次引起公众关注，此后一直是民众和政界关注的主要问题。其后1989年的宫崎勤事件以及1995年的奥姆真理教地铁杀人事件等怪异、令人费解的现象更是为日本全社会敲响了一记警钟。进入21世纪，日本的经济优势一去不复返，泡沫经济崩溃的影响切实地融入民生及精神领域，终身雇佣制解体及兼职制度的常规化，加上援助交际、单身寄生族[1]、蛰居族等社会问题不断涌现，反映出旧有思维及制度的瓦解，出现了更加骇人的"禁室培欲"[2]等性侵犯事件。

近年来，"酷儿理论""女性主义思潮"及"LGBTQ+"等成为世界范围内广泛讨论的议题。受西方性解放潮流的影响，进入21世纪以来，日本社会

---

1 指二十七八岁还和父母住在一起的单身人士。
2 禁室培欲：日文为"完全なる饲育"，来源于日本1990年发生的真实事件——"新潟少女监禁事件"，即一宗19岁女孩被陌生中年男子禁锢9年的人间悲剧。

的性文化及亲密关系形式也变得更加多元，相关产业发展迅猛，占国内生产总值的1%，已经成为日本的代表性文化。然而，如今的低欲望社会却使日本人在亲密关系方面失去动力，甚至更加保守。2017年，BBC纪录片 *Sexless in Japan* 提到，日本18～34岁的年轻人中，有64%的年轻人处于单身状态，有43%的年轻人从未有过恋爱经验。日本经济的长期低迷和女性地位的不断上升，造成众多"三无男性"[1]和"草食系男子"[2]，这一群体被称为"无欲症候群"。

以上种种现象均表明，日本社会存在多元性文化，然而大部分日本人对亲密关系的看法依然十分保守，且经济低迷造成的"低欲望社会"也同样影响着日本人的亲密关系。那么，种种矛盾的背后究竟隐藏着怎样的机制？应当用什么理论解释？本书正是基于此，以现代化理论为指导，通过追溯学术史，广泛收集资料，以历史社会学的方法，按照"描述—总结—分析成因—比较—分析机制"的思路，主要解决如下几个问题：① 什么是"亲密关系"？"亲密关系"研究应当包含哪些层面？② 战后（以下统一指第二次世界大战以后）日本社会亲密关系是怎样的？有哪些变化？经历了怎样的变迁？③ 日本社会亲密关系变迁的原因有哪些？④ 亲密关系变迁对日本社会带来哪些影响？

在解决上述问题的基础上，本书旨在厘清日本战后社会亲密关系变迁的脉络，同时探讨其背后的成因和机制。

二、出版意义

从整体来看，相关的研究内容庞杂且多样，且基本理论大多数产生于西方学界，尤其在性科学、性医学、性心理学、性社会学等理论已经相当完备。自明治维新以来，日本的亲密关系研究紧随西方先进国家的脚步，对西方性理论的研究全面且扎实，并有了大量本土研究。通过对近三十年日本社会亲密关系研究的文献进行梳理，笔者认为虽然日本亲密关系的相关研究已经卷

---

1 指"没有欲望、没有梦想、没有干劲"的男性。
2 指性格温柔腼腆、外表清秀白净、对待爱情像食草动物一般友善温和的男性。

帙浩繁，但仍存在研究所选取的时间段不均、研究对象分散、主题单一等缺点，且大部分研究均局限于描述性分析，从而缺乏成型的结论。本书在时间段上选择战后至今近80年的全时段进行研究，同时依据扎实的研究资料和理论，提出较为完整的研究框架，并从多个角度全方位对日本战后亲密关系进行研究，以期得出完整的结论，从而弥补研究空白，为现代化理论研究作出一定的学术贡献。

纵观国内关于日本社会亲密关系相关的研究，能查到的相关文献不足5篇。西方学者和日本学者的相关研究相对较多，但主题较分散，且时间段跨度较小，内容较片面，多偏向于针对单一性问题的探讨，本书针对以上不足，着重解决日本社会亲密关系研究的两大缺点：① 时间的零散性：本书将聚焦战后至今的全时段，从昭和后期第一现代化的完成阶段到进入平成时期后的第二现代阶段，使研究在时间上有一定的跨度；② 研究对象的分散性：本书将全面整合与亲密关系相关的核心概念，提出亲密关系研究的不同层次，全面、广泛地考察日本社会的亲密关系的观念变迁，以期弥补研究空白，从"观念"这一侧面完善日本的现代化理论。

本书的创新点主要有：① 制定亲密关系研究框架：先行研究往往致力于研究资料的梳理，而忽略研究框架的制定。本书将在梳理学术史的基础上，通过参考与本书内容的相关文献，制定涵盖面广、有理论依据的研究框架。② 完善现代化理论：结合以往的研究，本书预设日本平成时代以来出现的诸多与亲密关系相关的现象与社会学第二现代化中指出的类似问题，例如一些特定性犯罪事件等，无不与压缩现代化带来的"意识形态真空"有很大关联，因此本书将依据现代化理论，从亲密关系这一角度深入挖掘，以期为现代化理论作出一定的学术贡献。③ 尝试采用量化方法得出初步结论：目前国内对于日本社会亲密关系的相关研究少之又少，但好的研究唯有通过实证数据的验证才能得出使人信服的结论，本书将尝试在搭建亲密关系研究框架的基础上，初步通过描述性的数据分析得出一些结论，以起到抛砖引玉的作用，为后续相关量化研究提供借鉴。

第一章
亲密关系与现代化

本章将首先通过概念界定对亲密关系相关概念进行讨论，进而在总结亲密关系学术史的基础上，梳理现代化发展对亲密关系的影响，从而制定研究框架，为后文提供理论指导。

第一节 亲密关系概念界定

研究"亲密关系"，首先应当对"亲密关系"进行界定。那么，究竟什么是"亲密关系"？应当如何研究"亲密关系"呢？一般来说，"亲密关系"是指有特定的情感、身体或者信息上的紧密联系，通常发生在人们认为的"私人"领域，由浪漫爱和/或欲望、接触产生。该词来源于英文Intimate Relationship，虽然近年来有关"亲密关系"（Intimate Relationship）的研究在西方学界呈爆发式增长，然而却难以明确界定这一概念，在日文相关文献中，往往被直译为"親密性"，同时存在一些用于讨论亲密关系的词汇，包括"恋愛"、"愛"、"ラブ"（Love）、"セックス"（Sex）等，常出现混用、并用的局面，具体讨论到理想亲密关系时，常会出现强调配偶的术语，诸如"主人"、"旦那"（均为"丈夫"的含义）、"奥様"（夫人、太太）等，因此，"亲密关系"在日本的话语及学界研究中，并无统一的定义和使用标准。

严格来说，"亲密关系"属于上位概念，其内涵包含诸多与之相关的概念，例如"性观念""家庭""婚姻观""恋爱观"等。实际上，由于性社会学从20世纪70年代出现至今，仅有50余年的历史，围绕"性"相关的诸多概念也并无统一定义，加之不同语种间译介的困难，关于这一问题，目前可收集到的资料呈现出"稀少"而"杂糅"的特征。以下将对Sex、Gender与Sexuality等主要概念进行梳理总结。

Sex一词主要指生物学意义上的性别和性行为，日文对应词"セックス"是对英文Sex的直接借用，在含义上与英文解释没有太大差别，日文中对Sex的另外一种翻译是"性"。Gender一词的拉丁语词源为"Genus"，包含"类、种、属"等含义。1995年，著名性学家约翰·曼尼（John Money）提出了"社会性别"含义，他认为原有的Sex一词，不能很好地表达性在心理和社会方面的差别及自我认同，于是把原本主要用于欧洲语言词性上的Gender一词，用来表达社会文化意义上的"性别"，即"性别"是后天的，是经由外在环境与文化塑造出来的。Joan Scott（1988）在此基础上发展了女性主义的研究，其后随着Gender Study的建立，Gender一词在近三四十年来被广泛应用，并产生了"性别角色"（Gender Role）、"性别认同"（Gender Identity）等概念。Sexuality一词的英文释义着重聚焦于"性取向"，但在实际运用中所涵盖的范围则更为广泛，近年来在学术上一般用来指社会学意义上的性，日文对应词是"セクシュアリティ"，同"セックス"和"ジェンダー"一样，也是英文词的直接借用，中文则暂时没有固定对应词，且常常将Sex和Sexuality的词义混淆，以中文对Sexuality的翻译而言，有数十种之多，包括性存在、性现象、性状况、性经验、性征、性素质、性本性、全性等，中国港台学者往往更倾向于把Sexuality翻译成性观念、性意识、性取向和性偏好等，日本学术界更倾向于将"セクシュアリティ"一词解释为"性取向"。总结来看，围绕性有关的定义，是相当驳杂的，一般说来，Sex指生物学意义上的"性"，Gender指心理认同意义上的"性别"，Sexuality则指社会学意义上涵盖范围较广的"性"。其中Sexuality起到包含作用，根据《牛津英语词典》，Sexuality一词首次在英文中出现是1879年，它代表着与性有关的一切层面。潘绥铭（2011）将Sexuality翻译成"全性"，认为Sexuality不仅包括以生物学为主的Sex，同时包括我们目前没有认识到的人文社会等方面的其他因素。

为了更方便、更通俗地在中文语境中解释"性"（Sexuality）这一概念，可以从三个层面对"性"进行理解和解释：① 生物学意义上的"性"（Sex）；

② 心理认同意义上的"性别"（Gender）；③ 社会学意义上的"性角色"（Sex Role）或"性别角色"（Gender Role）。其中，Sex 构成了生理性别的基础，在此基础上受到社会文化及自身教养等社会环境因素，逐渐形成个人的性别认同（Gender/Gender Identity），而性别角色（Gender Role）则是人在社会化过程中，在生理性别（Sex）和性别认同（Gender/Gender Identity）基础上所造成的差异。性别认同是性别角色的个人体验，性别角色是性别认同的公共表达。

与上述概念相比，亲密关系除个人层面的认知外，更着重强调人际关系，指一种主体体验到的情感或身体上的亲近。在个人化的现代社会里，注重情感的坦白和沟通，相互间的深知和了解是现代亲密关系的核心，同时也反映了人类对自由和安全的矛盾需求。亲密关系不只是私人领域里的自主选择，而且蕴含着广泛的社会因素，这也带来了亲密关系中的不平等、针对同性关系的歧视以及亲密伴侣暴力等问题。

经过反复思考和深入解读，笔者认为"亲密关系"通常包含如下三个特征：① 有特定的情感、身体或者信息上的紧密联系，或是准备发展出这种紧密联系；② 发生在人们通常认为的"私人"领域；③ 由浪漫爱和/或欲望、接触产生。同时，"亲密关系"不仅存在于异性恋者之间，也同样存在于非异性恋者之间。在有关"亲密关系"的研究中，应当考虑相关的人际关系因素，既包括个人层面的性观念、恋爱观、婚姻观、家庭观，也包括家庭和社会文化的影响。本书将参照先行研究，围绕"家庭"这一核心，从个人、家庭、社会三个层面探讨日本战后近80年亲密关系的变革，其中个人层面包括性别身份的构建和认同以及对亲密关系的认识，家庭层面包括家庭结构和观念的变迁，社会层面包括社会规范和道德的演进。

第二节　亲密关系学术史梳理

"亲密关系"研究本质上可归类为"性社会学"（其中包含"家庭社会学"）领域的研究，属于"性科学"（Sexology）研究的一个分支。从学术史上看，日本和中国的"亲密关系"研究皆是在学习、引进西方部分学术成果的基础上逐渐发展出自身特色，因此，本书将首先在厘清国内外性研究学术史的基础上，分析当前"亲密关系"研究的前沿及动态。

笔者的博士论文《战后日本社会性观念变迁的历史社会学研究》，曾对西方和日本性学学术史进行了详细梳理，纵观性学学术史，以1886年卡拉夫特-艾宾（Krafft-Ebing）出版《性心理疾病》（Psychopathia Sexualis）创立"性科学"为界，主要可以分为前科学性学时期（远古至1886）和科学性学时期（1886迄今）两个阶段。其中，前科学性学时期的性研究大多缺乏科学验证，不具有可信性，某些民间习俗和偏方甚至是愚昧的，从当今科学的视角看来经不住推敲。而科学性学时期可分为性解放少数阶段（1886—1933）、性解放多数阶段（1933—20世纪70年代）和性解放全数阶段（20世纪70年代迄今）。日本自明治维新以来积极学习西方，其早期性研究学术史可分为明治时期的"开化性学"、大正时期的"通俗性欲学"、"帝国"日本时期的性科学以及战后初期"金赛性学热"四个阶段。以下将分阶段分别进行整理：

一、西方性研究学术史

（一）性解放少数阶段（1886—1933）

性解放少数阶段始于1886年卡拉夫特-埃宾（Krafft-Ebing）出版《性心理疾病》（Psychopathia Sexualis）创立"性科学"，终于1933年希特勒上台后对该学派的扼杀。该时期的学术焦点在于推行性少数群体的"医学化"，通过对一系列所谓"性倒错"相关表现及行为进行医学上的命名，从而将"性倒错"去罪化，以达到保护性少数群体的目的。

（二）性解放多数阶段（1933—20世纪70年代）

在性解放多数阶段，随着希特勒对第一次德国性学研究热潮的扼杀，英语国家开始掀起第二次世界性学热潮。1933年，美国第一位性学研究者迪金森（R. L. Dickinson）博士的《人类性解剖学》（Human Sex Anatomy）出版，成为性学研究方面的权威专著。此后金赛（Alfred C. Kinsey）的大规模调查以及马斯特斯（W. Masters）和约翰逊（V. Johnson）的实验室研究，均对性研究产生了划时代的影响。20世纪50年代，性学研究的重点转向广泛的社会调查。美国印第安纳大学教授金赛在大规模社会调查的基础上写成了《人类男性性行为》（1948）和《人类女性性行为》（1953）（合称《金赛性学报告》），标志着确立于1886年的性学，从初创期发展到了成熟期，开始关注社会文化相关问题，可以说《金赛性学报告》是世界性研究史上的一个转折点。20世纪60年代，由卡尔·杰拉西（Carl Djerassi）研发的现代避孕药开始向西方广大民众出售，大大促进了性解放，并使得女性积极追求性自由，不断提升性权利。20世纪60年代末开始，西方国家相继涌现出大批启蒙组织，鼓励女性积极探索和享受亲密关系，比如1972年性学家亚力克斯·康福特（Alex Comfort）的《性的欢乐》（The Joy of Sex），1973年贝蒂·多德森（Betty Dodson）在美国组织的"性研讨班"（Bodysex Workshops）等。到了20世纪70年代，关于性现象的社会调查报告不断涌现，相对重要的成果主要有：亨特的《70年代的性行为》（1976）、海蒂（Shere Hite，1943—）的《海蒂性学报告》等。可以说这一时期的性学家，从关注性少数群体，逐步转变为关注广大群体，致力于解决普罗大众的亲密关系问题。同时，研究方法和手段也不断丰富，且大部分偏向实证研究，研究范围更加广泛，同时结论也更加丰富多样。

（三）性解放全数阶段（20世纪70年代迄今）

在性解放全数阶段（20世纪70年代迄今），受20世纪六七十年代性解放运动和女性运动的影响，性社会学研究不断发展，有关性解放理论、女性主义理论、酷儿理论的论著颇丰，既有关于性现象与社会之间关系的宏观研究，例如马尔库塞的《爱欲与文明》（1961）、福柯的《性史》（1976）、吉登斯的《亲密关系的变革》（1991）等；又有关于性社会学理论的创建，例如约翰·盖格农（John H. Gagnon）与威廉·西蒙（William Simon）合著的《性举止：性的社会组织》（Sexual Conduct: The Social Sources of Human Sexuality）（1973）一书提出了"性脚本"理论，标志着性社会学成熟理论的诞生。20世纪70年代，约翰·曼尼（John William Money）开始探讨性学概念和性学研究过程是如何被社会文化所影响的。这一时期，涌现出了诸多性社会学理论，如性解放理论、女性主义理论、酷儿理论、性脚本理论以及性的社会网络理论等。关于亲密关系的研究，也正是在这一时期大量涌现，直至近年来，学者对"亲密关系"的研究更是呈爆发式增长。

二、日本性研究学术史

与西方性科学理论逐步按阶段发展的路径不同，日本自明治维新后，积极学习西方先进科技，其中就包括性科学的引入。西方性科学于19世纪70年代首次被介绍到日本，明治时期一般称"造化机论"，而现代日本学者则多采用"开化性科学"（開化セクソロジー）或"通俗性科学"（通俗セクソロジー）等，以区别于后来大正时期流行的"通俗性欲学"。《造化机论》一书是横滨医生千叶繁对美国人善亚顿（James Ashton）所撰《自然之书》（*The Book of Nature*，1861）的节译，该书的内容全面展现了19世纪性科学传播到日本的最初样貌。

此后，日本的性学研究大致可以分为如下几个阶段：明治时期的"开化性学"、大正时期的"通俗性欲学"、"帝国"日本时期的性科学、战后初期的"金赛性学热"。

（一）明治时期"开化性学"

明治时期的"开化性学"，由20世纪70年代"造化机论"最初由日本引进，被热衷学习西方的学者所追捧，到通俗造化机论产生，渗透至一般民众并广受欢迎，再到被官方取缔，进而逐渐消失，经历了近50年的时间。这期间日本从学习西方开始，不断推进社会的现代化进程，对性科学的认识也随着现代化的推进而不断深入，虽没有显著的创新或突破，但通过大量翻译引进西方性医学著作，为战后日本性科学发展奠定了坚实的基础。可以说，日本在该时期，相比同属东亚的中国，在性科学的认识方面，已经有了非常大的进步。造化机论本身虽有很多不足，但其作为日本性科学研究的起点，可以说具有里程碑式的意义。

（二）大正时期"通俗性欲学"

"造化机论"热潮后，"性欲三剑客"羽太锐治（1878—1929）、泽田顺次郎（1863—1944）和田中香涯（1874—1944）在明治末年崛起，开创了大正时期以"性欲"话语为中心的"通俗性欲学"时代。

大正民主时代出现了诸多性学研究者与性学相关期刊，性学家为了打破传统迷思，通过出版、演说等方式将性学知识授予大众，其性学知识不仅吸收西方新知，亦运用科学研究方法来调查日本大众的性行为状况。虽然大正时期日本的"性教育"和"优生学"在传播过程中存在诸多障碍，但在当时先进知识分子的推动下，有了曲折但显著的发展，并积累了大量的相关资料，遥遥领先于同一时期其他亚洲国家。

（三）"帝国"日本时期的性科学

20世纪30年代至1945年，是性科学为"帝国"日本服务的时期。1937年7月7日，驻华日军发动"七七事变"，日本全面侵华战争爆发，日本开始强化保健国策。根据《日本妇女》昭和十八年（1943）九月号的记载，当时政府倡导"扫清"适龄未婚者，并为不孕不育者提供免费检查等。该时期的性科学完全被政府掌控，女性沦为"生育机器"，担负着为"帝国"日本服务的"使命"。

（四）战后初期"金赛性学热"

战后日本的性学有了进一步的发展，1946年，Van de Verde的《完全なる結婚》的完整译本出版，代表战后日本开始出现性解放的萌芽。Verde介绍了婚姻生活中多种不同的性技术，注重女性在婚姻中的能动性，提倡男女在性方面具有同等享受快乐的权利，因而在日本大受欢迎。另外，在"性的实际调查"方面，《金赛性学报告》在战后日本社会引起了广泛关注，日本学者继承了其中的科学方法，出现了高桥铁的《人性记》（1952）、篠崎信男的《日本人の性生活》（1953）以及太田典礼的《第三の性》（1955）等调查报告。同时医学博士杉靖三郎也从性科学角度出版了《愛の技法》（1960）、《完全なる性愛》（1961）、《エレガントなSEX 幸福な結婚へのいざない》（1963）、《杉靖三郎の知的SEX論》（1977）等。

第三节　日本社会亲密关系相关研究

性社会学自20世纪70年代出现起，发展至今仅有50余年的历史，而以日本社会亲密关系为研究对象的性社会学，则更是近二三十年才开始大量涌现，其中不乏有名的研究者，如上野千鹤子、落合惠美子、江原由美子、赤川学、桥爪大三郎、川村邦光等。就目前文献梳理的结果来看，关于日本社会亲密关系的相关研究，主题较为杂糅，且针对同一问题往往有不同的研究视角。可将日本社会亲密关系研究的主要内容及学术焦点总结为如下六个方面：① 性少数群体研究；② 家庭与亲密关系研究；③ 女性主义研究；④ 性的实证调查研究；⑤ 性文化与性风俗研究；⑥ 性道德与相关立法研究。

其中，家庭与亲密关系研究，是日本亲密关系研究的一大特色。日本研究家庭社会学的学者颇多，最有名的专家当属上野千鹤子和落合惠美子。上野千鹤子在《近代家庭的形成和终结》（1998）一书中，提到在当代社会中，一切传统文化人类学的"住户"又或是"血缘"式的界定，已不足以规限家庭的本质，所以探寻 FI（Family Identity，家庭自我认同意识）成为重析家庭结构及组织的不可或缺的要素。上野通过对四种传统型家庭的研究，得出"当代家庭的团结度极为薄弱"的结论。落合惠美子在《21世紀の家族へ》（2019）中探讨了资本主义现代化进程中家庭和社会性别所经历的变化，将日本社会在1955至1975年形成的稳定的家庭结构命名为"家庭的战后体制"，运用大量数据深度剖析了"家庭"的诞生、普及和变迁，同时展望了21世纪家庭的新趋势，对家庭的多样性提出了诸多鲜明观点。

宫坂靖子在《避妊言説と家族の親密性——日本型近代家族の歴史社会学》（2020）中，从避孕这一视角切入，通过明治末期到昭和初期的著作和女性杂志，对"避孕"进行话语分析，得出了诸多有关"避孕的历史社会学"和"家族亲密关系的社会学"的相关结论。筒井淳也在《親密性の社会学——縮小する家族のゆくえ》（2008）中，依据吉登斯《亲密关系的变革》（1992）中的理论，讨论了亲密关系的问题，着重强调了亲密关系从社会公私领域分离的原因。牟田和惠在《戦略としての家族：近代日本の国民国家形成と女性》（1996）中则阐述了女性在国民国家形成中的作用。

在西方学者的研究中，关于日本社会中的亲密关系，Allison Alexy、Emma E. Cook 于2019年编辑的 *Intimate Japan: Ethnographies of Closeness and Conflict* 是目前关于日本亲密关系研究较为全面的一次总结,内容包括家庭、婚姻、性少数群体的亲密关系、跨国婚姻、父母和子女、计划生育、相关产业等。与此研究类似的还有Richard Ronald、Allison Alexy于2011年编辑的 *Home and Family in Japan: Continuity and Transformation*,聚焦日本家庭形式的连续性和变革,以及Tomoko Aoyama、Laura Dales和Romit Dasgupta编辑的 *Configuration of Family in Contemporary Japan*(2014),聚焦家庭、老龄化、育儿、跨国婚姻四个主题。在该领域,Allison Alexy格外关注亲密关系的分离,在 *Intimate Disconnections: Divorce and the Romance of Independence in Contemporary Japan* 一书中,通过田野调查,以离婚为主题,考察了日本家庭自进入21世纪以来的家庭形式变迁,从个人、家庭、国家层面展现了日本人关于婚姻的习俗和态度,包括家族规范变迁、浪漫的独立、新自由主义、性别、法律、亲权、分居家庭、扩大家庭、中年离婚、相亲、败犬女、电车男等,在人们协调亲密关系和个人利益的时候,人们关于婚姻的很多习俗和看法都在改变。日本社会并非公认的婚姻浪漫的典范,这种看法在此研究中得到了反映。秉持着不作评判性解释的人类学精神,该研究有助于理解一个正在摆脱将婚姻等同于正常的社会。

Diana Adis Tahhan在 *The Japanese Family: Touch, Intimacy and Feeling*(2014)中,着重分析了子女在成长过程中与父母的"亲密性",尤其是分析了日本亲子关系中比较注重的身体接触。Genaro Castro-Vázquez在 *Intimacy and Reproduction in Contemporary Japan*(2016)中,对当前日本社会中的亲密行为和生育行为进行了人种学调查。本书以57位已婚日本女性的叙述为基础,以象征互动论为框架,研究了当今日本社会少子高龄化背景下影响生育决策的各种因素。与此研究类似的还有Nobutaka Fukuda的 *Marriage and Fertility Behaviour in Japan: Economic Status and Value-Orientation*(2016),Alice Pacher在 *(No) Sex in Japan: A Sociology of Sexlessness in Intimate Relationships* 中,以社会学视角,通过实证数据和二手资料全方位展现了当今日本社会"低欲望""无干劲"的社会现象。

由此可见,无论是日本学者还是西方学者,多将亲密关系研究的重点放在"家庭"和"生育"两大主题上，除此之外，还有"同性婚姻""跨国婚姻""亲子关系""性工作者""中年离婚""家暴""性别角色"等主题。

第四节　现代化进程对亲密关系的影响

由前述先行研究梳理和概念界定可知，人们对"性"和"亲密关系"的理解可以分为三个层面：① 生物层面：从细胞到有机体；② 心理层面：与性及亲密关系有关的意识/观念的产生，包括性别认同等；③ 社会层面：人际关系，包括性别角色、性别展演等。以上三个层面，均与历史和文化有关，本书首先在文献综述的基础上概述了亲密关系研究的过去和现状，以及当前未能解决的课题，并对亲密关系研究的相关理论做了梳理。过去的事实能够帮助我们理解为何以特定的方式架构现在，而当下的文化及社会变化则能够帮助我们理解个人和制度如何相互影响。

本节将首先介绍本书所要用到的理论，即以现代化理论、性科学理论、社会学性别理论形成"理论铁三角"，形成本书的理论基础，着重探讨现代化进程对亲密关系的影响，并结合日本战后社会的特殊背景，为亲密关系概念框架的构建以及战后时间段的划分提供指导。

一、现代化理论

现代化理论能为本书提供理论基础，为使本书能够充分体现性观念变迁与现代化进程之间的联系，首先应当从历史学和社会学双重视角对"现代"和"现代化"等概念进行充分理解，厘清"近代""现代""当代""现代化""后现代""第二现代"等概念的含义和区别。

"Modernization"一词在英文中首次出现是在18世纪中叶，其日文对应词和中文对应词分别是"近代化"和"现代化"，那么在中文中我们常常混淆的"近代""现代""当代"应当如何区分？这些词之间又有什么样的联系？本节将从这一问题入手，首先探讨现代化的内涵，进而对现代化理论的发展演变做出详细的说明和解释（见表1-1）。

表 1-1 "Modernity"和"Contemporary"的释义

	英 英 释 义	日文释义	中文释义
Modern	[adj.] of the present or recent time（此处只取第一个释义）	現代の、近ごろの（Contemporary）；近代の	现代的；当代的；近代的
Modernity	[n.] the condition of being new and modern	現代性；近代性	现代性
Modernization	[n.] to make sth suitable for use today using new methods, styles, etc.	近代化	现代化
Contemporary	[adj.] of the present time; modern（此处只取第2个释义）	現代の	当代的；现代的

（表格来源：笔者依据《Oxford Dictionary》中的"Modern""Modernity""Modernization""Contemporary"的释义及《ウィズダム英和辞典》中的日文翻译和《牛津高阶英汉双解词典》中的中文翻译整理而成。）

  由词典中的释义可以看出，在英文中，Modern和Contemporary是同义词，并且在日文的解释中，"近代"和"现代"似乎也没有什么不同，"当代"是中文中才有的词，日文的"近代"需要翻译成中文的"现代"更合适。即我们常说的"现代化"等同于日文的"近代化"，亦即英文的"Modernization"。

  那么，究竟该如何理解现代化？北京日本学研究中心周维宏教授指出了现代化的四个标志，即文化上的理性化、政治上的民主化、经济上的产业化和社会上的平等化[1]。

  为进一步理解"现代化"的含义，本节将按照历史学的三分法对欧洲史、日本史、中国史进行划分，得到的结果如表1-2所示：

  由表格可见，"现代"西方起源于中世纪结束后的文艺复兴，这一时期人们开始崇尚人文主义，追求进步、开化和文明，而在日本的"现代"（日语"近代"）则是以1868年明治维新为起点。由历史学三分法我们可以认为，

---

[1] 周维宏：《历史社会学视阈下日本两次现代化转型的主要问题分析》，《学术前沿》，2020年第1期，第42—49页。

表 1-2　欧洲史、日本史、中国史三分法

	欧 洲	日 本	中 国
古代史 （Ancient history）	（公元前3世纪—5世纪）原始时代结束，出现以奴隶制为基础的阶级和国家的阶段，以希腊、罗马的奴隶制社会最为典型。	（2世纪—12世纪）一般指从大和时代到奈良、平安时代。	（公元前3世纪—6世纪）从夏商周到魏晋南北朝。
中世纪史 （The Middle Ages）	（5世纪—15世纪）从5世纪日耳曼民族大迁徙到14~16世纪文艺复兴运动、宗教改革之间的时期。	（12世纪—19世纪）镰仓时代到江户时代（其中日本单独将"江户时代"划分为"近世"，对应西方的Early modern period）。	（6世纪—19世纪）从隋到晚清。
现代史 （Modern history）	（16世纪—）在西方史中指文艺复兴、发现新航路、宗教改革以后的时代，特别是市民革命、产业革命以后的资本主义社会的时代。	（19世纪—）从1868年明治维新开始以后至今。	（19世纪—）从1840年鸦片战争至今。
更精确的"现代史" （或"当代史"）	从一战结束（1918年）后资本主义社会与社会主义社会并立开始划分为更精确的"现代史"。	从1945年（二战结束）后开始划分为更精确的"现代史"。	从1949年（中华人民共和国成立）后开始划分为更精确的"现代史"。

（表格来源：笔者整理）

现代化是人类社会脱离中世纪后的一系列社会变化，代表社会的文明进步。

进入20世纪60年代，"后现代"（Postmodernism）在西方开始逐渐成为新的热点，然而是否存在"后现代"？究竟"后现代"具有什么含义？不同学者亦提出了不同的见解，整理如表1-3所示：

表 1-3 学者们对"后现代"性质的解释

	观　　　　点	代 表 人 物
社会动因说	20世纪60年代，由于法国1968年的"五月风暴"、美国的"反越战"运动，以及反对种族主义、性别歧视等社会运动的兴起，使得人类社会开始迈入新的历史时代。	福柯、利奥塔、波德里亚、德勒兹、加塔利
后工业化/信息社会说	传统的工业社会将被后工业化社会/信息社会取代，主要特征是以服务业为基础。	戴维·里斯曼、丹尼尔·贝尔
消费社会说	在消费社会中，知识、真理等任何事物都可被当作相同的消费类别。	波德里亚
文化反叛说	后现代文化是对传统的激烈攻击，表现为反叛传统的价值和文化等，特别是资本主义文化的正当性已经被享乐主义取代。	丹尼尔·贝尔
叙事危机说	后现代的标志在于反对"元叙事"，反对现代的知识观念与方法。	利奥塔

[表格来源：笔者依据陈嘉明《现代性与后现代性十五讲》（2006）第119—121页中的观点整理]

由此可见，后现代象征着消费主义、享乐主义和反叛主义，代表着工业化的结束，社会不安因素增多，人们的思想也发生了巨大变化。然而，哈贝马斯、吉登斯、贝克等社会学家认为"后现代"并不存在。到了20世纪90年代，贝克和吉登斯等社会学者提出了第二现代化理论。吉登斯认为现代性并没有结束，我们当今所处的时代属于"高度现代性"或"晚期现代性"（High Modernity），提倡反思性的现代化和风险管理。贝克同样否定后现代的存在，主张我们的现代性并没有结束，只是进入了"风险社会"，其中第一现代性或现代化，就是"简单的、线性的"，而第二现代性或现代化，就是"反身的"（Reflexive）、"激进的"（Radical）。第二现代化理论以1970年为界，以前是第一现代，其后是第二现代，第二现代社会仍处于现代化范畴，但是一个反思、调整和完善的现代化阶段[1]。

1　周维宏：《历史社会学视阈下日本两次现代化转型的主要问题分析》，《学术前沿》，2020年第1期，第42—49页。

关于日本的现代化，富永健一、张庆燮和周维宏等学者提出了较为鲜明的观点，认为日本的现代化属于"压缩型"现代化。将"压缩现代化论"相关学者的观点整理如表1-4所示：

表1-4 压缩现代化论

学　者	观　　点
富永健一 （1987）	西方国家的现代化始于文化现代化，然后是政治现代化、经济现代化和社会现代化。而日本的现代化始于经济现代化，然后是政治现代化、社会现代化和文化现代化。富永认为，即使现代化开始了100多年，日本目前只完成了经济现代化，政治、社会和文化的现代化还没有完成。
张庆燮 （1999）	提出亚洲国家现代化是一种"压缩了的现代化"概念。
周维宏 （2020）	社会学把1970年前后分为第一现代和第二现代，"压缩现代化论"认为亚洲社会是第一现代和第二现代压缩在一起，第一现代和第二现代之间区分不鲜明，因此亚洲国家的现代化是一种"压缩型的现代化"，存在顺序颠倒和时空压缩的特征。 1990年以后的平成年代进入第二现代社会，比欧洲晚了25年。因此昭和后期是日本第一现代化的完成时期，平成年代进入特点鲜明的"风险社会"。

[表格来源：笔者依据富永健一（1987）、张庆燮（1999）、周维宏（2020）等资料整理]

总结上述学者的观点，我们可以得出日本现代化的特征：① 西方第一次现代化始于17世纪初的启蒙运动，日本始于1868年，日本比西方晚了两百多年，但用了100年左右的时间赶上了西方的步伐，完成了现代化第一个阶段；② 西方第二次现代化始于20世纪70年代，日本始于20世纪90年代，日本相较晚了25年左右；③ 日本虽然实现了经济现代化，但政治、社会和文化现代化还没有完成；④ 压缩现代化带来"个人主义观念的缺失""近代（现代）家庭的出现和瓦解""双重产业革命并存""集中民主政治和分散民主政治发展的并存"等社会问题。

基于上述分析，为了更好地体现现代化理论在书中的运用，我们可将西方和日本从古代到现代各阶段的亲密关系变迁的历程及重要时间节点进行大致梳理，西方和日本在进入现代化之前对亲密关系的认识及性观念方面都经历了三个时期：① 蒙昧时期的性神秘与性崇拜；② 农耕时期的生殖道德观；③ 禁欲与纵欲博弈期的性观念迷乱。

最早期的人类社会是由游牧型的狩猎者和采集者组成的一个个群体，亲密关系的最初状态表现为群居和滥交，即单纯的性与生殖，人们并不知道性交会导致怀孕，反而认为妇女怀孕是神的作用，因此盛行生殖崇拜和性崇拜。正是因为认识不到性与生殖的关系，因此原始社会中人们的性活动比较自由，处于群居和滥交的混乱状态。随着农业社会范式的兴起，逐渐有了家庭和男女分工，人们经过长期的经验发现男性在怀孕中的作用，这使得男性的地位提高，并开始有了固定的性交对象，但女性影响力被普遍认为仅限于家庭内部，土地的所有权或控制权由家庭群体中地位最高的男性来掌控。这一时期的日本，在大化改新（646）以前，仍处于渔猎、采集经济阶段，远远落后于同一时期的西方国家。

西方中世纪奉行的禁欲主义统治欧洲长达千年，产生了一种极具影响力的性规范模式，即性是邪恶的、有害的。文艺复兴后开启现代化进程，性禁区逐渐被打破，性与爱逐渐能够得以坦率表现。1353年，意大利文学家薄伽丘（Boccaccio，1319—1375）完成《十日谈》的写作，书中对基督教禁欲主义的严厉批评及对性爱的歌颂反映了当时社会的真实状况。达·芬奇于1472年后开创了解剖学研究，描述并绘制了内生殖器、性交和受孕图，成为首位细剖人体结构的艺术家，为认识人体结构提供了崭新而真实的观点。

18世纪后，启蒙运动引导人们远离宗教蒙昧主义，基督教道德开始受到攻击。这一时期的医学家开始将"性"纳入科学研究的对象范畴，直至1886年，现代意义上的性科学终于产生，人们开始把同性恋等性少数群体进行医学上的命名和归类，同时优生学也得到了发展和普及。也正是在这一时期，性科学从西方传到日本，并在日本科学界引起了不小的震动，西方的性教育理念也得到有识之士的追捧。

在整个19世纪和20世纪中，随着商品社会化生产，传统的男女两性在劳动中的性别分工和在经济上的相互依附关系被挑战。工业化与城市化带来了大批工人阶级移民，他们的聚集也使得未来同性恋亚文化得以更快地发展。随着城市兴起，低效率的普通体力劳动不再被看重，取而代之的是先进的科学技术和发明创造。家庭扮演的"生殖单位""生产单位"的角色减弱，个人自由受到重视，性别认同和对亲密关系的选择也有了自主权，人们的性别观念不再仅仅局限于男性和女性，开始逐渐认同和接纳性多元化的发展。

二战后，西欧各国在美国的扶持下迅速恢复经济，在经历了第一次"婴儿潮"（Baby Boom）后，20世纪60年代避孕药的发明将性与生殖分离开来，人们对性的认识不再被怀孕、堕胎的恐惧所束缚，进而能够享受亲密关系的快乐，性不再像从前那样与罪恶和疾病联系在一起。60年代出现了反主流文化运动，包括以"要做爱不要作战"（Make love not war）为口号的反越战运动[1]，法国、英国等国的反权威学生运动和美国的民权运动等。

本书正是基于由古至今西方亲密关系发展的不同阶段特征，将研究重心锁定于日本战后至今的近80年，通过与西方对比，探索日本社会亲密关系变迁的轨迹。采用历史社会学视角，将历史学的长时段分析法与社会学结构分析法相结合，分析战后日本社会亲密关系的变迁。

二、性科学理论

性科学自1886年创立以来发展至今，产生了诸多重要成果和阶段性突破，例如对性别的认识从"单性"到"双性"的变化，同性恋的"去病化"以及色情表现存在的合理性等，本节将对书中用到的性科学理论进行整理和归纳。

（一）发现"性别"

早在古希腊时期，就有诸多围绕"胎儿性别"展开的论争，但均不具备科学依据。文艺复兴和宗教改革后，随着医学和生物学的进步，性别差异被纳入生物学范畴。性史学家托马斯·拉科尔（Thomas Laqueur，1945～）认为，有关人类性别与性活动的现代理解，可以追溯至18世纪的欧洲，即所谓的"启蒙"时期，其间，科学战胜宗教，成为阐释性别差异的基准体系。

---

[1] 1967年4至10月，10万名年轻人在美国旧金山海蒂-阿什博雷街区和金门公园聚集，号召以迷幻药反叛现行社会体系，抗议越战，喊出"要做爱不要作战"的口号。运动于夏季达到高潮，将嬉皮士反传统运动推向了公众视野，后被称为"爱之夏"（Summer of love）。

托马斯·拉克尔（Thomas Laqueur）考察了大量的材料，包括古希腊以来的医学文本和人体解剖图稿。他发现在启蒙运动之前，也就是在18世纪以前，传统的观念持"单一性别"的观点，认为女性的身体和男性的类似，男性和女性均处在从热到冷的连续体上。人们认为只有一种身体，也就是男性身体，男人和女人被描述为拥有同一类型人体的不同变体，男性的生殖器在人体之外，女性的生殖器在人体之内，就像是同一解剖结构的镜像。男性与女性的身体被人们视为相似的，也就是身体的"单性"（One-Sex）模式[1]。体液（Body fluids）被认为可以互换，诸如血液、乳汁、脂肪和精液是可以相互转换的，但自18世纪开始，人们开始认为女性身体的生物属性从本质上与男性的不同，而不是男性身体的低级形式。席宾格（Schiebinger）通过考察历史资料揭示，18世纪的医生追求并相信，他们已经发现了身体每个部分中都有性的基本属性——在血管、汗液、大脑、头发和骨骼中都有[2]。科学家不断探寻、发现男女差异的基本器官，并为其命名。拉科尔将这次转变界定为从"单性"（One-Sex）模式向"双性"（Two-Sex）模式的变迁。

随着19世纪末20世纪初荷尔蒙（Hormone）的发现，人们开始相信男女之间在生物学上有着本质的不同。其后随着性科学的发展，发现了男女两性在生物学上有更多层面的差别：① 遗传学层面：男女两性最根本的差别在于"性染色体"和"性染色质"不同，也就是男性是XY型，女性是XX型；② 内分泌学层面：男女两性的差别是在性腺上的，男性为睾丸，女性则为卵巢；③ 神经生理学层面：实质上决定性的表现和性的差别的，是下丘脑的性中枢，因为性腺和其分泌性激素的功能由下丘脑和脑垂体控制；④ 解剖学层面：男女两性的差异在于生殖器和外生殖器上的差别；⑤ 大脑结构层面：男女两性大脑中的胼胝体[3]体积不同，女性的往往更大或更加呈球状，医学家认为这会使得女性更偏向感性思维，而男性更偏向理性思维[4]。

1　Thomas Laqueur, *Making Sex: Body and Gender from the Greeks to Freud*, Cambridge, MA: Harvard University Press, 1990: 49—50.
2　Schiebinger, *Nature's Body*, 2004: 122.
3　胼胝体：连接左脑半球和右脑半球的神经纤维束。
4　阮芳赋：《二十一世纪性学爱恋》，人文社会电子学报，2005（1）：49—64.

其后更深层面的性科学发展逐渐稳固了性别二元思想，生物学被用以证明男人与理性和文化相关，女人则与情感和自然相关。

（二）性少数群体的"去病化"

早在古希腊时期，男性之间的恋情极其普遍，并被社会广泛接受和认可，例如柏拉图在《飨宴》中积极提倡精神恋爱，将同性恋看作是注定的、无法逃脱的命运。古典文化中的人们认为，14—17岁的少年是非常具有性诱惑力的，成年男性向处于被动地位的少年提供理论和爱欲的指导被称作"希腊式恋爱"或"少年爱"，在当时被视为一种崇高的精神恋爱。在少年爱盛行的200年间（公元前6世纪—公元前4世纪），希腊人将此看作"高等教育"的一部分，是成为公民的准备。

然而到了中世纪，同性恋却成了至恶的罪。笃信基督教的拜占庭皇帝贾斯丁尼安（Justinian，485—564）将饥荒、地震和瘟疫通通归咎于同性恋带来的惩罚，并将同性恋者处以极刑（阉割），游街示众。

福柯认为直到19世纪人们才认识到同性恋不是偶然的性行为，而是一个特别的"物种"。17世纪开始，同性恋亚文化开始在欧洲大城市逐渐形成。一般认为，"同性恋"（Homosexual）一词由匈牙利人卡尔-马里亚·柯本尼（Karl-Maria Kertbeny）于1868年首次创造，后通过卡拉夫特-艾宾（Richard von Krafft-Ebing）和霭理士（Havelock Ellis）的推介分别在德国和英国得以普及。

这一时期随着性科学的发展，同性恋者不再被视为罪人或罪犯，而被视为一种疾病，这些被认为是"性倒错"（Sexual Inversion）甚至是"第三种性别"（Third Sex）的人，需要通过心理治疗、化学阉割等手段进行"治疗"和"矫正"。

同时，《圣经》中的生殖崇拜成为西方统治者反对同性恋的根本理由，因此同性恋受到很大压迫。1871年，德国《刑法175条》明令禁止同性恋行为。1895年，爱尔兰作家奥斯卡·王尔德（Oscar Wilde）因同性恋行为被公开审判。1898年，哈夫洛克·霭理士的书《性倒错》（*Sexual Inversion*）被查封，被指控为淫荡和有伤风化。二战时期，纳粹集中营的同性恋群体也惨遭集体屠杀。

20世纪50年代，同性恋病理化相关争议达到最高峰，在精神分析理论蓬勃发展的背景下,"性倒错"(Paraphilia)首次被列入美国精神疾病诊断标准(DSM-Ⅱ)社会病态人格;20世纪60年代,精神分析学术界推出"同性恋被视为亲子关系受创导致的精神疾病"之说,将其病理化推上高峰。此时,"国际疾病分类"(International Statistical Classification of Diseases and Related Health Problems,简称ICD)也将同性恋纳入"精神疾病"。然而,事实上虽然同性恋倾向被定性为疾病,但不可否认的是,同性恋群体已经走进社会大众的视野,人们不再一味地忽略、忌讳、否认它,而是开始正视这个群体的存在,并进行公开的讨论研究。

关于同性恋的成因,从20世纪中期开始,诸多医学、生物学领域的学者从遗传、基因、人体构造等角度进行探讨,但对于"同性恋是先天还是后天导致的"这个问题,学术界没有普遍共识,也没有确凿证据,故无定论。

Hamer(1993)和其他研究人员从一个艾滋病治疗计划中选出76位男性作为研究对象,这些男性都有同性恋兄弟,且母方家族大多有同性恋倾向,而父方家族则没有。研究发现40对同性恋兄弟中33对兄弟的X染色体5个基因是相同的,一定程度上从遗传基因的角度说明同性恋的成因具有遗传基础。Le Vay(1991)则从人体构造上进行了相关验证。他对35具尸体进行检验,发现其中同性恋者的INAH-3(脑部一种组织)较一般人细小。

持怀疑态度的学者则认为"凡医疗记录上没有被注明是同性恋者的人士,便被列为同性恋者并不科学",且无法确定是INAH-3导致同性恋倾向,还是同性恋倾向导致INAH-3出现变化。不仅如此,持同性恋后天说的专家学者也从心理学领域进行论证,如Bieber(1976)通过对100位男同性恋者的调查,提出同性性倾向的形成可能与童年成长经历以及成长环境有关,大部分的研究对象往往有一个严肃刻板的父亲,而母亲则过于疼爱宠溺他们,以至于其对自身的"男性身份"(Male Identity)存在疑虑,因此会对同性产生爱恋。金赛等学者(1948)认为,童年如果有深刻的同性性经验,则日后很可能发展出同性恋倾向。

同性恋成因的"本质论"认为同性恋是天生的,而同性恋成因的"建构论"则认为同性恋有可能是受后天社会文化环境的影响形成,"酷儿理论"

（Queer Theory）[1]则更进一步，试图瓦解"异性恋霸权"。

李银河（2009）将同性恋者分为"选择性同性恋"和"境遇性同性恋"，前者是指本身会被同性吸引的人，而造成"境遇性同性恋"的是所谓"单性环境"，一般是指那些与异性完全隔绝的小环境，例如监狱、军校、寺院、男校和女校等。

所以，对于同性恋"是否天生"存在争议，但对于同性倾向"不可改变""不可选择"确是普遍共识。虽然其性倾向"先天论""后天论"的争议一直存在，但这些研究都从科学的领域客观地讨论了同性倾向的问题，不可否认，这为将来同性恋"去病化"打下了基础，继而成为同性恋者身份认同与争取自身权益的铺垫。

虽然就同性恋的成因，目前学术界有很大争议，但不可否认的是，同性恋从古至今都是普遍存在的。自1886年性科学创立以来，就有诸多学者对同性恋者占总人口的比例进行研究，德国著名性学创始人马格努斯·赫希菲尔德（Magnns Hirschfeld）估计，同性恋及双性恋要占到全人口的1%～5%；霭理士（1936）则估计英国同性恋者约占总人口的2%～5%；特曼和米尔斯（1936）估计同性恋在大学学生中的发生率为4%；麦克法兰（1947）认为美国的同性恋者约占总人口的6%。

另外一些学者则提出了较高的比例，汉密尔顿（1929）发现，成年人（18岁以上）中同性恋发生率约为17%；拉姆齐（1943）认为高中生的同性恋发生率约为30%，远远超过一般人群的比重，与此类似，辛格（1947）提出，大学生中同性恋的发生率为27%。除此之外，一些学者指出，同性性行为在军队中的发生率达到10%甚至更高。

金赛（1948）通过大规模调查得出总人口中达10%的人是同性恋者这一结论，指出：青春期开始之后的白人男性中，有37%的人至少有过一次同性性行为，有4%的人是绝对同性性行为者。盖格农（1973）在去除金赛样本

---

[1] "酷儿理论"（Queer Theory）是20世纪90年代初在美国形成的文化理论，该理论认为性别认同和性取向不是"天然"的，而是通过社会和文化过程形成的。米歇尔·福柯、朱迪斯·巴特勒、伊芙·科索夫斯基·塞吉维克、盖尔·鲁宾和梦可·华纳等是"酷儿理论"的重要理论家和先驱者。

中教育程度偏低及有过入狱经历的个案偏多等偏差因素之后，得出了"总人口中大约有3%～4%的成年男子是纯粹的同性恋者"这一结论。凯查多利（2019）在《人类性行为基础》一书中也赞成金赛的结论。

综合上述学者的研究，可以总结同性恋者占总人口的比例约为5%左右，由此可见，同性恋的存在比例并不低，同时关于性少数群体的"去病化"，西方国家的进程较快，可将主要时间节点整理如表1-5所示：

表1-5 性少数群体"去病化"主要时间节点

年份	事 件
1956	美国博士伊芙琳·胡克（Evelyn Hooker）发表了关于男同性恋研究的著名论文 *The Adjustment of the Male Overt Homosexual*，该论文认为同性恋并不是一种精神疾病。
1957	英国发表《沃芬顿报告》（*Wolfenden Report*），提出将经过双方同意、发生在成年人间的同性行为除罪化。
1967	英国通过《1967年性犯罪法案》，指出如果行为人超过21岁且出于自愿，私下进行的男同性恋间的性行为不属于犯罪。
1973	美国精神医学学会以公投方式将"同性恋从精神病名单上移除"。
1974	美国心理学会也以公投的方式将同性恋剔除出心理疾病之列。
1990	国际疾病分类大会中也决议将同性恋自疾病列表中删除。
2012	世界卫生组织的美洲办公室"泛美健康组织（Pan American Health Organization）"于《治疗一种不存在的疾病》的声明中表示："……改变性倾向的有效性是没有科学证据的，有些人可以控制他们性行为的表达，但性倾向本身从整体来说是构成人格不可或缺的一部分，因而不能被改变。"
2013	美国最高法院审议同性婚姻的宪法争议时，美国心理学会、美国医学会、美国精神分析学会等重要的学术组织联合向最高法院提交的意见书表示："同性恋是人类正常的性表现，整体而言不是种选择，也非常难以改变。"

[表格来源：笔者依据任杰（2016）、王维（2018）等资料整理]

现如今随着众多国家推进同性婚合法化，同性恋是正常现象这一事实逐渐被人们广泛接受。

（三）亲密关系存在的合理性

关于亲密关系存在的合理性论述，首先必须肯定人的基本生理需求是始终存在的。在马斯洛的需求层次理论中,性是最基本的生理需求,处于需求金字塔的最底端,是人类的根本需求之一(如图1-1)。

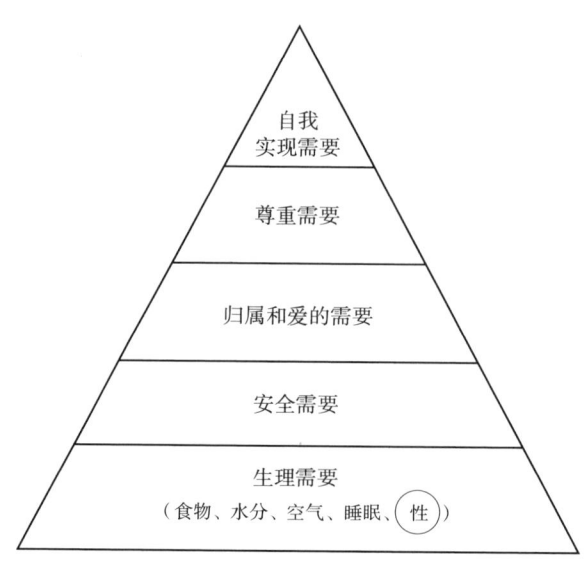

图 1-1　马斯洛需求层次理论

(图片来源:Maslow A. H.,1943)

同时《金赛性学报告》中也指出:从根本上来说,性是一种生物现象,性能量是生物普遍存在且必须得到释放的,性的生物性质主要表现为:① 不存在绝对没有任何性释放的人;② 任何性对象、性行为或者性释放频率,均源于生理需要。因此人的性欲是自然的生理欲求,同时也不可避免,但囿于性规范的种种限制,人的这一基础需求往往被抑制,因此需要一些外部事物进行情感补偿,比如观看一些色情作品成为其合理释放的途径。然而,关于色情作品的审查却始终没有完全放开,而是经历了存在争议的阶段。

一战后,美国对色情作品的审查呈逐步上升趋势。二战后,特别是在1952至1965年间,自由派和保守派一直就如何定义色情、色情作品的社会影响以及什么人有权对其作出判断的问题,展开激烈的法庭斗争。早期的审查制度坚信色情作品会腐蚀人们的心灵,因此采取严格的抵制手段,任何作品中的色情画面都必须被删除。

然而，审查面临了两个问题：一是性犯罪与色情作品之间的联系被证明是没有根据的，二是关于色情作品的定义也在不断变化。面对审查难度的不断增大，20世纪60年代，丹麦进行了一个使色情作品合法化的试验：从1967年起开放色情文学作品，并于1969年起开放色情照片，规定16岁以上公民可进行购买。这一试验起初引起了人们购买色情品的热潮，造成了色情书籍、照片、杂志和影片的泛滥。

然而研究表明，大多数丹麦人只是在刚开放时，为了满足好奇心和被长期压抑的欲望，选择批量购买，接下来购买的频率在减少，直到完全不再购买。色情作品合法化数年之后，色情商店就从哥本哈根的居民区销声匿迹了，顾客往往不以当地人为主，而是来自相关法律严厉国家的外国旅游者。李银河认为，这种状况符合社会学理论的假设，几乎不会有人把性作为自己日常生活的主要兴趣。

三、社会学性别理论

1955年，约翰·曼尼提出了"社会性别"（Gender）这一概念，赋予了性别在社会角色层面的意义。然而传统生物学视角存在的另一缺陷是无法解释那些生物性征似乎介于男女两性之间或之外的人。

那么，究竟应当如何理解"性"？对"性"的理解应包含三个层次：① 生理性别（Sex）；② 社会性别（Gender/Gender Identity）；③ 性取向（Sexuality/Sexual Orientation），同时在不同层次中，人们对"性"的感受程度也不同，即性别是流动的。

虽然性别是流动的，但社会环境会对人们对性的自我认同进行形塑，性的社会建构理论包含性脚本理论、性别阶层理论、性阶层模型以及20世纪90年代的酷儿理论等。

一方面，性别的流动是事实，是自然发生的，且多由基因决定；另一方面，社会环境会对其产生各种各样的制约及规范，因此性别在某种程度上并不能自由表现，而是会依据社会规范有其固定的形式和特点，违反所谓"规范"的性别，都是不允许存在的。

因此本节将在讨论并认同"性别是流动的"这一事实的基础上，通过阐释社会建构理论，以体现社会环境对性别的形塑作用。

（一）对"性别流动"的理解

由前述概念梳理和理论总结可知，Sex、Gender和Sexuality构成了性科学研究的三个层次。

第一个层次是生理性别（Sex），有男性（Male）、女性（Female）和性别交叉（Intersex，又称第三性别或雌雄同体）三种，但一般性别交叉[1]出生时会通过手术被矫正成男性或女性。关于性别交叉，安妮·福斯托-斯特林（2015）的相关研究表明：一方面是性别交叉者的数量，性别交叉平等运动（the Intersex Campaign for Equality）通过大量的研究和调查资料总结，性别交叉者所占总人口比重约为1.7%～2%，这跟天生红发者所占的百分比（1%～2%）大体相当；另一方面是围绕性别交叉者严重的污名化，有些儿童未曾被告知他们已被实施过矫正手术。得益于互联网，性别交叉社群近年来开始形成，反对对婴儿进行手术干预的激进主义运动也日益壮大，尤其是在北美地区。安妮·福斯托-斯特林（2015）等人认为这类手术是不合伦理的，因为没有经过孩子同意，而且很可能为日后的生活带来严重的医疗难题和心理困扰。

安妮·福斯托-斯特林在《赋身以性：性别政治和性的建构》（*Sexing the Body*）一书中写道："百分之百的男性和百分之百的女性，代表的是身体在可能的类型光谱上的两极。"在男性和女性这两极之间，存在诸多变化。生物性征可以被理解为一个类型光谱，大多数人朝着"男性"或"女性"聚集成群，但其间仍有小部分存在其他可能性。性别染色体变化繁多，差异远不止XX和XY这么简单。福斯托-斯特林诙谐地提出一种"五性"模式，以取代双性模式，具体包括男性、女性、男性假二性同体（Merm）、女性假二性同体（Ferm）和雌雄同体（Herm，即Hermaphrodite的缩写）。目前国际上公认七种性别：男、女、中性、偏男、偏女、不完全男、不完全女。实际上即使是

---

[1] 性别交叉（Intersex）描述的是个体的生殖或性别构造不符合有关男性或女性的典型定义的各类状况，医学上会用DSD（性别发育障碍/差异/多样性，Disorders/Differences/Diversities of Sexual Development）这一术语描述上述状况，尽管有些被诊断为DSD的人更愿意自称为性别交叉者。

性别变体内部，也存在多样性，可将男女两极及其中间地带表示为图1-2所示：

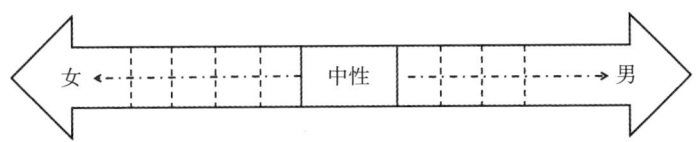

图1-2　性别两极及其中间地带

（图片来源：笔者自绘）

完全的男性特质和完全的女性特质代表着各种可能的身体类型谱系的两端。位于这两端的两种性别是最普遍的，这一观念让人们相信这两种性别不仅仅是自然的，同时也是标准的，然而实际情况是不常见的中间地带也是自然的，并占一定比例。

第二个层次是社会性别（Gender/Gender Identity），即人们的性别认同。有Cis Male（顺性男）、Cis Female（顺性女）、Gender-Neutral（中性）、Agender（无性别）、Pangender（泛性别）、Transgender（跨性别）、X-Gender（性别未知）等，整理如表1-6所示：

表1-6　性别认同（Gender/Gender Identity）的分类

概　　念	定　　义
Cis Male（顺性男）	生理性别为男性，同时也具有男性的自我认同。
Cis Female（顺性女）	生理性别为女性，同时也具有女性的自我认同。
Agender（无性别）	生理性别不明确，或没有基于自我的性别认同。
Gender-Neutral（中性）	在自我的性别认同方面偏向中性状态。
Pangender（泛性别）	认为自己是各种性别特质的混合体。
Transgender（跨性别）	指性别认同或性别表达与生理性别不同的人，主要有MTF（男变女）、FTM（女变男）和Trans*[1]三种。

1　Trans*：加一个星号用来表示更加广义的意思，包括跨性、变性、酷儿性别等相关领域，用于跨性别但不愿意明确自己性别认同的人。

（续　表）

概　念	定　义
X-Gender（性别未知）	强调性别的流动性和不确定性，对自己的性别认同不完全确定。
Non-Binary（非二元）	与X-Gender类似，强调不单纯属于"男性"或"女性"这一固有框架的性别认同。
Gender-Fluid（流动性别）	与X-Gender和Non-Binary类似，对自己的性别认同没有固定的认同，并处于一种变化的、流动的状态。

（表格来源：笔者整理）

其中，X-Gender来源于日文"X-ジェンダー"，首次出现于20世纪90年代末日本关西地区的出版物以及互联网中，一般被用来指代既非男性也非女性的性别认同，也就是性别为"X"。在当今日本性社会学有关"X-ジェンダー"的研究中，关于"X"的定义有不同的解释，有的将其视作和"性别酷儿"（Gender Queer）表达一样的意思，有的则把它作为一个涵盖所有非男女二元性别的词汇。"X-ジェンダー"在日本社会的出现和使用与西方"酷儿理论"的传播有密切的关系。

在生理性别（Sex）和社会性别（Gender/Gender Identity）的基础上，正在逐渐形成的同性恋和异性恋定义是建立在男性/女性这一两性模式之上的，因此性取向（Sexuality/Sexual Orientation）是对"性别流动"进行理解的第三个层面。

学界普遍认为1948年发表的《金赛性学报告》标志着现代人类性取向研究的开始。金赛及其合作者提供了一套可用于测量和分析性行为的类型模式，即金赛"性关系连续体理论"（Kinsey Scale，以下简称"金赛量表"）。金赛量表共包含从0（绝对的异性恋）～6（绝对的同性恋）共七个等级，除此之外，第八个等级"X"代表"无性倾向或性反应"，即"无性恋"（Asexual）。将"金赛量表"展示如表1-7所示：

金赛的研究提供了新的性别类型模式，此后的研究者在此基础上发现了人类性别状况中的其他方面，并指出它们并不明确地属于0～6级。1980

表 1-7　金赛量表

评分	描述
0	完全的异性性倾向。
1	以异性性倾向为主，在极少的情况下会有同性性倾向。
2	以异性性倾向为主，在一些情况下会有同性性倾向。
3	异性性倾向与同性性倾向相同。
4	以同性性倾向为主，在一些情况下会有异性性倾向。
5	以同性性倾向为主，在极少情况下会有异性性倾向。
6	完全的同性性倾向。
X	无论对哪一性别的个体都没有性反应和性活动。

（表格来源：笔者依据 Kinsey Institute at Indiana University 的资料翻译整理而成）

年，Storms 提出的性取向二维模型可更直观地展现这一理论，如图 1-3 所示：

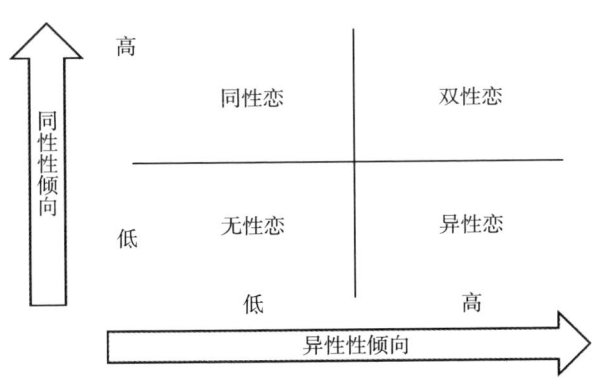

图 1-3　性取向二维模型

（图片来源：笔者依据 Storms（1980）的性取向模型及尤千萍（2021）中的观点整理绘制而成）

在性取向二维模型中，横轴和纵轴分别代表同性性倾向和异性性倾向，因此异性恋是高异性性倾向、低同性性倾向；同性恋是低异性性倾向、高同性性倾向；双性恋是异性性倾向和同性性倾向均高；无性恋则是异性性倾向和同性性倾向均低[1]。在此基础上，男性气质和女性气质，对性的感受程度均有不同。

此后一些学者提出了更为复杂的网状模型，例如Klein（1990）创建了一个由七个纵向变量（性吸引、性行为、性幻想、情感偏向、社会偏好、自我认同、异性恋/同性恋）和横向时间（过去、现在、未来）变量构成的坐标体系。如今，在金赛六级的基础上，已发展出多达几十种性别和性取向，除大多数异性恋外，同时包含LGBTQ+[2]等性少数群体，目前国际公认的有18种，整理如表1-8所示：

表1-8 性取向（Sexuality/Sexual Orientation）的分类

概　　念	定　　义
Homosexual（同性恋）	指对同性产生爱慕及性吸引的现象。
Heterosexual（异性恋）	指对异性产生爱慕及性吸引的现象。
Bisexual（双性恋）	指对同性和异性均产生爱慕及性吸引的现象；双性恋者对性吸引的感受不一：有些人可能同时对同性和异性感受到性吸引，有些人可能在某一阶段对同性感受到性吸引，在另一阶段对异性感受到性吸引；同时双性恋者感受到性吸引的表现方式和程度也存在差异。
Demisexual（半性恋）	指只对特定的人产生爱慕及性吸引的现象。
Androsexual（男性恋）	指对男性特质产生爱慕及性吸引的现象。
Gynosexual/Gynesexual（女性恋）	指对女性特质产生爱慕及性吸引的现象。
Ambisexual（兼性恋）	指对同时展现出男性和女性特质的人（尤其是中性）产生爱慕及性吸引的现象。

---

1 尤千萍：《以系统性回暨内容分析国内外无性恋研究之发展脉络与趋势：自2004至2021年为例》，2021年。
2 LGBTQ+包含：L=Lesbian（女同性恋）；G=Gay（男同性恋）；B=Bisexual（双性恋）；T=Transgender（跨性别）；Q=Queer；I=Intersex（第三性别）；A=Asexual（无性恋）；Pansexual（泛性恋）；K=Kink（怪癖）；D=Demisexual（灰色无性恋）；X=X-Gender（性别未知）等。

（续表）

概　念	定　义
Asexual（无性恋）	指无法感知性吸引，或不具有性倾向的现象，但可以维持除性以外的亲密关系。
Aromanic（无浪漫爱）	指极少能感受到或无法感受到他人浪漫吸引力的人，仅仅会在心理移情作用的支持下产生对爱情的需要。
Graysexual（灰色性恋）	指介于无性恋和有性恋之间，可以是任何性倾向，但取决于对性吸引的感受程度。
Demisexual（半性恋）	指可以不以浪漫情结为基础与某人建立深厚感情的现象。
Demiromantic（半浪漫性恋）	指基于深厚的情感，才可建立浪漫关系的现象。
Lithromantic（性单恋）	指对某人产生爱恋，但却不希望获得情感回应的现象。
Pansexual（泛性恋）	指对任何性别、任何性取向皆可产生爱慕及性吸引的现象。
Polysexual（多性恋）	指对多种性别（但不是所有性别）、多种性取向（但不是所有性取向）皆可产生爱慕及性吸引的现象。
Panromantic（泛浪漫爱）	指对任何性别皆可产生爱慕，但不会产生性吸引的现象。
Skoliosexual（模糊性恋）	指只被性别模糊的人群所吸引的现象。
Queerplatonic Relationships（酷儿性恋）	指比友谊更加深厚的亲密关系，但非恋爱关系。

（表格来源：笔者整理）

上述概念和定义为笔者在阅读西方文献的基础上总结整理而成，因一些概念出现的时间较晚，目前中文和日文的对应词还没有完全固定，并且随着社会的进步可能会出现更多类型的概念和分类。由此可见，社会性别和性取向均是多种多样的，具体有多少种，目前尚无定论，但不可否认的是，把社会性别和性取向排列组合，可以生成多种不同的结果。而在性别多元化概念界定方面，最具特色的国家当属泰国。泰国是一个性别多元化国家，对各种类型的性别认同度和包容度极高，本节将在参考西方文献的基础上，将泰国

18种性别整理如表1-9所示：

表1-9 泰国18种性别

概　　念	定　　义
异性恋男性Chai	生理性别男，性别认同男，性取向女。
异性恋女性Ying	生理性别女，性别认同女，性取向男。
同性恋女性Lesbian	生理性别女，性别认同女，性取向女。
同性恋女性Tom	生理性别女，性别认同男，性取向女，打扮像男性。
同性恋女性Dee	生理性别女，性别认同女，性取向女，喜欢帅气女性。
同性恋女性Tom Gay	生理性别女，性别认同女，性取向女，喜欢Dee和Tom。
同性恋女性 Tom Gay King	更男性化的Tom，喜欢Tom的Tom。
同性恋女性 Tom Gay Queen	偏女性化的Tom，喜欢Tom的Tom。
同性恋女性 Tom Gay Two Way	喜欢Tom的Tom。
同性恋女性Samyan	可和异性恋女性及同性恋女性交往。
同性恋男性Gay King	生理性别男，性别认同男，性取向男。
同性恋男性Gay Queen	生理性别男，性别认同男，性取向男，有阴柔气质。
双性恋女性Bi	可和女同性恋及男性交往的女性。
跨性别者Kathoey	跨性别者，想要成为女性的男性，又称LadyBoy。
Boat	可和女性、男同性恋交往，除Kathoey外。
Adam	喜欢Tom的男性。
Angie	喜欢Tom的Kathoey。
Cherry	喜欢Gay或Kathoey的女性。

[表格来源：笔者依据林育生（2019）[1]等相关资料翻译整理]

---

[1] 林育生：《分类、问题与认同：西方与泰国的泰国社会多元性/别研究》，《台湾东南亚学刊》，2019（1）：125—152。

以上"光谱式理解"不仅存在于"性别"(Gender)与"性取向"(Sexuality/Sexual Orientation),同时也存在于"对性的感受力",其两个极端分别是"无性恋"(Asexual)与"有性恋"(Sexual)。关于"无性恋"的定义,无性恋社群网站AVEN[1]提供的最简化的定义是"感受不到性吸引力",而这并非绝对定义,相较于绝对的分类,无性恋更像是光谱概念。"感受不到性吸引力"是一种"涵盖性术语"(Umbrella Term),在AVEN上,还有更细致的定义讨论,包含"极少或偶尔感受到性吸引力"等,均可算作无性经验,将上述"光谱式理解"整理如表1-10所示:

表1-10　对性的感受力分类

Sex（性）	Sex-positive	Asexual
	Sex-neutral	Demisexual
	Sex-averse	Grey-A
	Anti-sex	A-fluid
Romance（浪漫爱）	Aromantic	Heteroromantic
	Romantic	Homoromantic
		Biromantic
		Panromantic

（表格来源：笔者依据Carrigan（2011），王泓亮（2014）等资料整理）

上表为Carrigan（2011）对AVEN上的无性恋者进行访谈后,整理出的无性恋者对性的感受力的分类,因目前日本和国内学术界此类研究较少,并无固定的日文对应词和中文对应词,因此本书直接使用英文原词。Carrigan认为对无性恋的理解,应包含如下几个方面：① 性与浪漫爱分离：对"性"与"浪漫爱"的区分是无性恋社群中的核心概念,无性恋者极少或从未感受

---

[1] The Asexuality Visibility and Education Network，是目前世界上最主要的无性恋社群网站之一，于2001年成立。

过性吸引力，但是仍然可能感受到浪漫爱吸引力，或者基于各自的审美标准而受到吸引，包括感官上的吸引等。另外，也有感受不到浪漫爱吸引力的无性爱者（Aromantic）存在，对无性恋者来说，朋友一般的情感关系是最理想的关系模式。②光谱式理解：无论是性吸引力或浪漫爱吸引力，无性恋社群都倾向以光谱方式来理解性别身份的流动性，无性恋（Asexual）与有性恋（Sexual）分别落在光谱的两端，中间保留了灰色地带（Grey-A/Grey area），例如感受到性吸引力的频率很低，或是持续时间很短暂等，半性恋（Demisexual）则如同介于异性恋与同性恋之间的双性恋者，跨足有性恋与无性恋经验之间：在与特定对象建立足够深厚的情感后，半性恋者才能够感受到性吸引力。③性态度的多元立场：无性恋对性的态度从正面到负面均有，更多人对性采取中立态度，单纯对性不感兴趣，但在某些特殊情况下，例如为了取悦伴侣，或是表达亲密感，可能愿意实践性行为，只是并不因性而感到享受。

因此，判断无性恋的方式，是其对性吸引力的感受程度，而非性行为的有无。

同时可将男性与女性两极、同性恋和异性恋两极、有性恋和无性恋两极，每一分类均有中间地带/灰色地带，展示如图1-4所示：

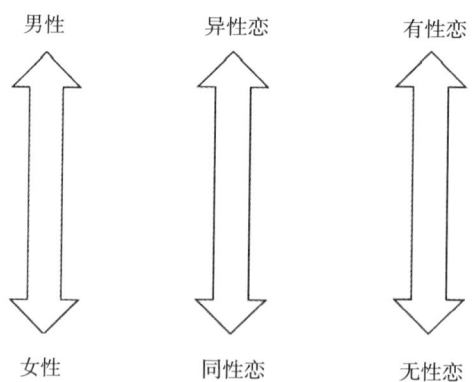

图1-4 "性别流动"的光谱式理解

（图片来源：笔者自绘）

综合上述的光谱式理解，本书认为性别是"流动"的，社会性别并非只有生理性别所定义的男性和女性两种，而是存在不同的性别认同，并在此基础上产生不同的性取向及性表现，同时人们对性的感受程度也呈光谱状，并且会随着时间和环境的变化而有所改变。

（二）亲密关系的社会建构

20世纪70年代起，人文社科领域中出现了反本质主义理论视角，认为对"性"的理解不应该只局限于生物学意义上的概念，而是强调性的社会本质。福柯在其经典著作《性史》中，将"性"（Sexuality）描述为"历史的工具"，其根源可追溯到18世纪。杰弗里·威克斯（Jeffrey Weeks）认为应当结合历史和文化背景对"性"进行理解，性身份不仅仅是自然本能的表达，更是社会权力的产物。社会建构论持有的观点是：性别认同是基因和环境共同作用的结果，虽然生理性别（Sex）是天生的，但是社会性别（Gender）是社会文化环境塑造的。

人们的性取向会被各种各样的社会规范限制并形塑。正如波伏娃（Simone de Beauvoir）所说："女人不是生来就是女人，而是变成女人的。"1973年，盖格农与西蒙提出"性脚本理论"，完成了"性的社会化"建构。"性脚本理论"认为，性发育不仅是生理成长的过程，更是在社会文化中不断巩固自我性别认同的过程。在这个过程中，人们形成了自己的"性脚本"，指导着人们的性表现，不仅指性行为，同时包括性观念、性态度等（Gagnon&Simon，1973）。

Connell（1987）提出了性别阶层（Gender Hierarchy）理论，即在性别阶层（Gender Hierarchy）中，"霸权阳刚气质"（Hegemonic Masculinity）位于金字塔顶端，代表了社会中男性的主体地位，而"强调阴柔气质"（Emphasized Femininity）指代大部分异性恋女性，从属于"霸权阳刚气质"，上述两种类别代表了社会刻板印象中男性及女性的理想形象，两者是相辅相成的。而"从属阳刚气质"（Subordinated Masculinity）则是次等的阳刚气质，包括男童、男同性恋者等，被视为次等个体，甚至被排除在日常生活之外，而其他阳刚与阴柔气质则属于最底层，将Connell的性别阶层展示如图1-5所示：

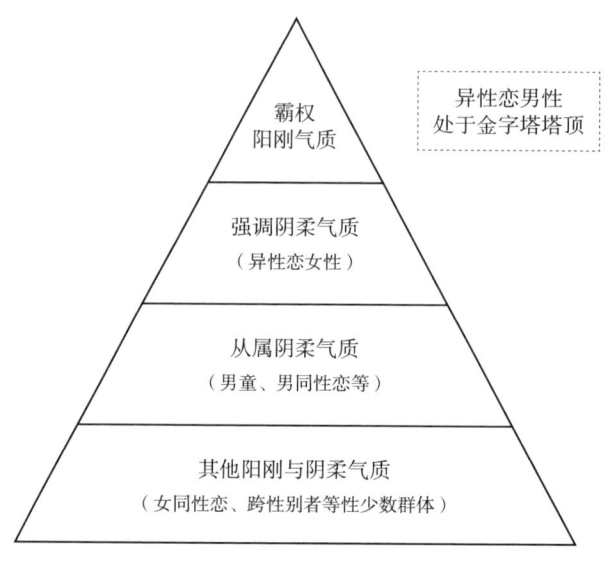

图 1-5　性别阶层理论

[图片来源：笔者依据 Connell（1987），柯筑杰（2013）等资料整理绘制]

然而，Connell 只是从男性气质和女性气质的表现来对性别阶层进行分类，酷儿理论的代表学者 Gayle Rubin（1984）则提出了更为全面的"亲密关系阶层"模型，将"亲密关系"视为一种阶层结构，分为内外两圈，其中内圈代表"美好的""正常的"和"自然的"，从理想形态上说应当是异性恋的、婚内的、一夫一妻的、以生殖为目的的；而外圈则代表"不道德的""不正常的"或者"不自然的"，包括同性恋、非婚的、滥交的、非生殖性的或者是商业性的，如图 1-6 所示：

在亲密关系阶层模型的基础上，Gayle Rubin（1984）进而整理了划分不同阶层的"界限"，并展示了其中的争议，如图 1-7 所示：

由 Connell（1987）和 Rubin（1984）的理论可见，虽然性别是流动的，但社会规范限制了人们的性表现和性行为，"异性恋"被视为一种典型的社会规范，并通过强迫手段被强加、管理、组织、宣传和维持。为打破"异性恋霸权"，重获性别自由，20 世纪 90 年代美国出现了"酷儿理论"[1]，

1　"酷儿理论"，英文原称为"Queer Theory"，"Queer"一词本身具有"奇怪、反常"之意，由西方性少数群体的自嘲、反讽而来。国内性学家李银河借鉴港台的翻译方法，将其翻译为"酷儿"。

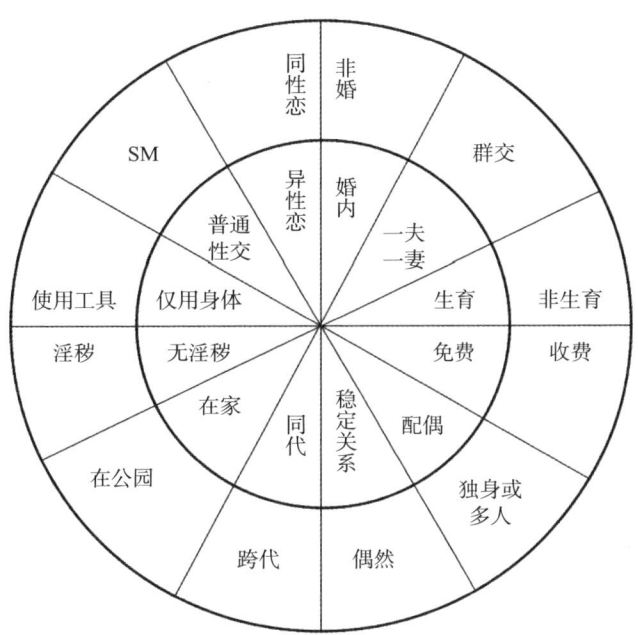

图 1-6 亲密关系阶层

（图片来源：笔者依据 Rubin（1984）的资料整理绘制）

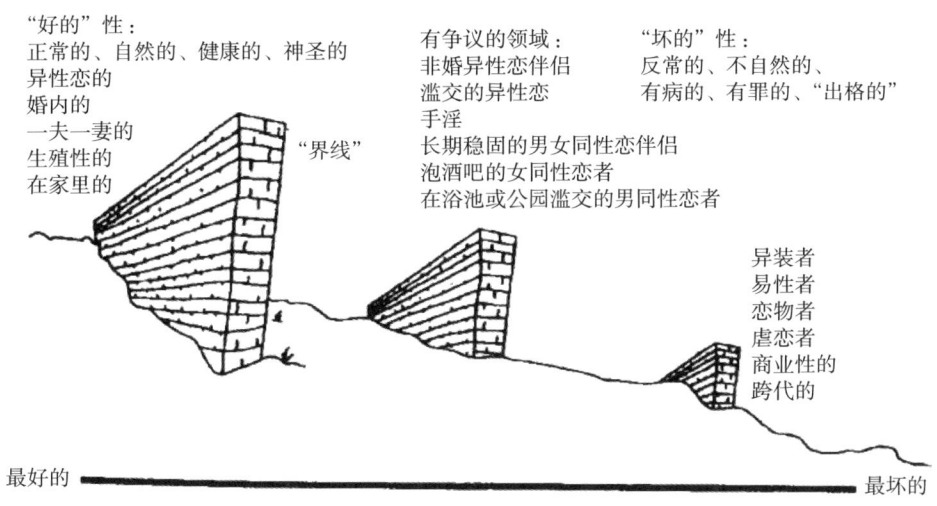

图 1-7 亲密关系阶层：围绕亲密关系的斗争

[（图片来源：李银河《酷儿理论》（2003），第20页）]

其核心是性身份与性别区分的社会建构论，强调了权力和话语在其中的作用，主要内容可概括为三点：① 打破"异性恋霸权"，向异性恋和同性恋的两分结构挑战；② 向包括男性和女性在内的一切形式的两分结构挑战；③ 向传统的同性恋文化挑战。

酷儿理论的代表性思想家有米歇尔·福柯（Michel Foucault）、朱迪斯·巴特勒（Judith Butler）以及伊芙·科索夫斯基·塞吉维克（Eve Kosofsky Sedgwick）等，他们共同奠定了酷儿理论的理论基础。将其主要思想总结如表1-11所示：

表1-11 酷儿理论代表学者的主要思想

人　　物	思　　想
米歇尔·福柯 （Michel Foucault）	认为性是由权力塑造的：① 性是通过历史话语后天建构的；② 身体及其快感在不同的历史时段与不同的权威制度下有不同的表现；③ 权力对性欲与性知识并非仅仅构成一种单纯的压制和控制状态。
朱迪斯·巴特勒 （Judith Butler）	提出了著名的"性别操演理论"（Gender Performativity），这一操演是"社会性别"关于男性气质和女性气质的表演。朱迪斯·巴特勒试图通过"性别操演理论"解构异性恋制度，打破异性恋霸权，并在其后2004年发表的《消解性别》（Undoing Gender）中提出了消解性别这一应对策略，将对性别规范的批判置于人类生存与延续的框架之内。
伊芙·科索夫斯基·塞吉维克（Eve Kosofsky Sedgwick）	主张突破二分的思维方法，打破同性恋/异性恋、男/女、解放/压迫等二元对立之间的对称性。

（表格来源：笔者整理）

现代化理论提供时间段划分的依据，性科学理论提供社会层面上的科学理论指导，而社会学性别理论提供理解个人亲密关系形成与瓦解等方面的依据，以上三个理论将形成"理论铁三角"，成为本节内容的理论依据。如图1-8所示：

基于此，后文将进行研究方法和理论框架的设计。其中可依据现代化理论，通过经济指标对日本战后亲密关系发展的近80年进行时间段划分，性

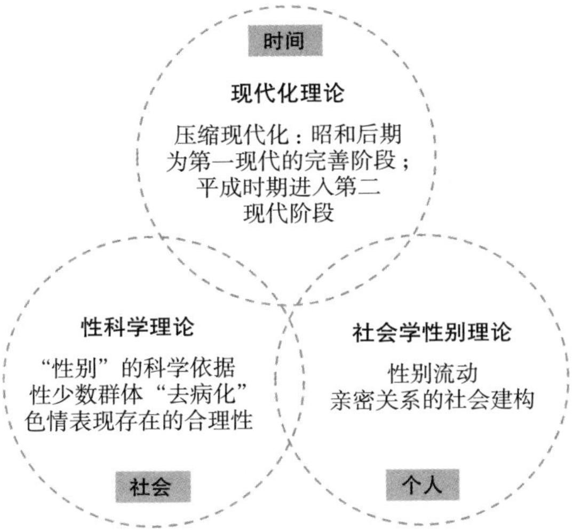

```
          时间
      现代化理论
    压缩现代化：昭和后期
    为第一现代的完善阶段；
    平成时期进入第二
       现代阶段

  性科学理论              社会学性别理论
"性别"的科学依据            性别流动
性少数群体"去病化"         亲密关系的社会建构
色情表现存在的合理性
    社会                    个人
```

图1-8　本书理论基础

（图片来源：笔者自绘）

科学理论可以为后文阐述"父权制""性别二元""异性恋霸权""女权主义""性少数运动"等提供辩证依据，社会学性别理论则为后文阐释"亲密关系变革""家庭形式变迁""性别流动"与"社会建构理论"之间的互动关系提供理论基础。

第五节　日本社会亲密关系研究框架

历史社会学是历史学和社会学相融合的一门学科，兼有历史学和社会学的双重属性，是一门"研究现存历史因素（指以往人类社会的遗留物）与当代社会各种现象之间相互关系及其规律的学科"。本节将基于此，不单单只是把历史社会学看作一门学科，而是将历史社会学视作一种特殊的研究方法，将历史学的"时间序列叙事"与社会学的"结构/机制叙事"相结合，在注重史料研究的同时，关注到理论研究。其中，在日本社会亲密关系研究领域，东京大学社会学研究室赤川学教授的《セクシュアリティの歴史社会学》（1999）及《ポルノグラフィの歴史社会学》（1996）能提供有价值的借鉴。日本社会的亲密关系发展变迁这一与日本特殊历史和社会政治文化背景有着深刻渊源的当代问题，以一种兼具历史学和社会学属性的方法理论作为研究工具，可以透过现象看本质，科学合理地找到其中的演变规律。

本节将首先从社会学视角对亲密关系研究的要素进行解构，进而利用历史学的"时间序列叙事"以前述现代化理论为基准，对战后日本近80年进行时间段划分，以形成具体的方法。

一、亲密关系研究指标

关于第二现代的亲密关系，英国社会学家安东尼·吉登斯（Anthony Giddens）在其著作《亲密关系的变革——现代社会中的性、爱和爱欲》（The Transformation of Intimacy: Sexuality, Love and Eroticism in Modern Society）中提出的"纯粹关系"（Pure Relationship）理论可为本研究提供理论视角。吉登斯首先批判了福柯对性的"压抑假说"和"权力/话语"理论，认为维多利亚时代的性压抑应当考虑性别因素，女性受到的性压抑更深，且具有双重意义：一是社会对于性的普遍压抑，这样一种压抑同男性所受的性压抑在性质上是一样的；二是男性对女性的性控制和性征服。吉登斯认为，在避孕术发明之前，对女性来说，性并没有夹杂着快感，而是混合着恐惧，伴随着怀孕和死亡之威胁。因此，现代避孕术的发明，将性和生殖分离开来，也和恐惧分离开来，使性回到了性本身，进而引发了西方性解放的热潮。吉登斯进一步解释，避孕术的发明，导致性与生育的分离；性获得自主性，且以浪漫之爱为基础，女性同男性达成一种平等的纯粹关系；这种纯粹关系是一种民主化关系，最终个人生活政治的民主化对世界产生颠覆性影响。

吉登斯认为20世纪60年代避孕术的出现带来了性自由的这一观点，为本书辩证现代化与亲密关系提供了借鉴，然而考虑到日本第二现代社会的复杂现状，亲密关系的演变不只受到现代化带来的科技进步的影响，也会受到社会观念、意识形态、文化、制度的影响。日本第二现代社会亲密关系转型的种种表现，包括两性平等、激情的私有化、快感要求、反常爱恋等形式的涌现是一种综合力量的结果。同时情感的获得，不仅仅是单纯的技术和手段的问题，同时还要对心理禁忌进行克服，这与社会观念、文化的影响密切相关。因此如何在原有理论视角的基础上，进一步对日本压缩社会亲密关系进行解释，是本书的难点之一。

为了能更清晰地体现现代化对亲密关系的影响，有必要从早期农业社会的亲密关系开始，理顺人类社会亲密关系的现代化发展历程，最终落脚到日本社会独特的环境背景，提出适合日本社会研究的理论框架。

早期农业社会以一个家庭或共有单位为基础，其中的每个成员在食物生产中都占有独特的一席之地。此类社会中常见的劳动分工是"男耕女织"，即男性在田间作业，女性承担家务管理（筹备食物、织羊毛、做衣服、照看儿童等）。这一分工往往建立在某些生物学因素的基础上，例如男性的上肢力量平均而言更强壮，女性的生育角色意味着有生育能力的女性往往会时常处于妊娠期和哺乳期，某种程度上限制了其在田间劳作，在这种分工明确的体系下，个体很难甚至不可能脱离家庭或共有单位而存活，同时，男性往往成为"一家之主"，是财产和家庭所有物的管理者。

在这样的社会中，土地的所有权或控制权就是财富和地位的重要来源。财产，而非劳力，是社会地位的根源之一，其在大多数情况下是由家庭群体中地位最高的男性掌控。随着农业社会逐渐进步——发展成古埃及、古希腊和古罗马等各大文明——早期农业文化中的性别角色，在宗教和文化准则中被保存下来。在这三大文明中，女性影响力被局限于家庭内部，而男性影响力则扩展到社会层面。一家之主就是地位最高的男性。此类情形将女性置于从属的地位，迫使她们为了食物和生计不得不依靠男性，也就是资产所有者，进而产生了家庭和男女分工，以及在此基础上的性规范。

到了19世纪和20世纪，随着商品社会化生产，传统的男女两性在劳动中的性别分工和在经济上的相互依附关系遭遇挑战，且越来越失去先前的重要性和客观必要性。工业化与城市化还带来了工人阶级移民，他们的聚集也使得未来同性恋亚文化得以更快的发展。总而言之，随着城市兴起，人们不再如从前那般看重普通体力劳动，取而代之的是可以带来更多财富的知识、技术、发明创造、资本运作这些本领。家庭扮演的"生殖单位""生产单位"角色减弱。换言之，人们有了更多的个人自由，对于爱情、亲密关系有了自主选择的可能。因此，自19世纪70年代开始，西方开始出现同性恋群体，并为同性婚合法化争取权益。

现今的家庭形式除传统的男女结合之外，亦有同性恋者组成的家庭，在北欧甚至出现了"多边关系"[1]（Polyamorous）家庭，家庭形式和性关系逐渐摆脱传统性规范的约束，向多元化趋势迈进。

由以上发展演变来看，亲密关系的形成往往以家庭为核心，并始终包含男女两性权力关系的演化，同时与个人的性别认同和对亲密关系的看法，以及社会道德规范的形塑有很大关系，可将亲密关系的形成及影响因素整理如图1-9所示：

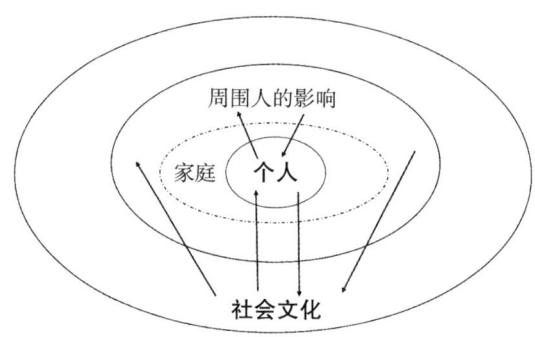

图1-9　亲密关系的形成及影响因素

（图片来源：笔者自绘）

综上，对亲密关系的探讨应当主要从个人、家庭、社会三个层面进行，其中个人层面主要包括性别身份的建构和认同，以及对亲密关系的认识，家庭层面包括家庭结构和家庭观念的变迁，社会层面包括社会规范的形成及社会道德的演进。具体考察内容可列为表1-12所示：

表1-12　亲密关系研究指标

	一级指标	二级指标
个人层面	性别身份的建构和认同	对自身性别认同、性倾向的感知、性表现的选择

---

[1] 又称"开放关系"，在同一个家庭中存在多角恋，一个孩子可能有不止一位父亲或母亲。

（续 表）

	一级指标	二级指标
个人层面	对亲密关系的认识	恋爱观、婚姻观、对自身和他人性行为的道德判断
家庭层面	家庭结构的演变	家制度、单身世代、生育率
	家庭观念的变迁	性别角色、男女分工
社会层面	社会规范的形成	婚姻法、对性少数群体及性产业的管制、色情出版物的查禁
	社会道德的演进	对婚外亲密关系、性少数群体的看法

（表格来源：笔者自制）

下文将按照上述指标的划分，进行资料收集，采用历史社会学的方法，结合每阶段的时代背景和社会政策，收集相关资料、数据，选取代表性案例进行分析，并与西方发达国家的数据、资料进行对比，把握战后日本社会亲密关系变迁的规律，分析对亲密关系产生影响的因素。

二、时间段的划分

结合以往学者对战后日本经济的考察，一般学界多将战后日本经济的发展阶段划分为如下4个阶段：① 战后经济恢复期（1945—1955）：战后日本经济破败不堪，通过接受美国的援助，实行"三大经济改革"（解散财阀、农地改革、劳动改革），同时依靠朝鲜战争带来的"特需景气"，采用倾斜生产方式，确立贸易立国论，重回国际经济社会（1952年加盟国际货币基金组织与国际复兴开发银行，1955年加入关税及贸易总协定），经过10年的经济重建，逐渐恢复到战前水平。② 经济高速增长期（1956—1970）：日本经济由战后复兴时期进入高速成长期，接连出现了四大景气时期：神武景气（1955—1957）、岩户景气（1958—1961）、奥林匹克景气（1962—1964）和伊弉诺景气（1965—1970）。1960年底，为期10年的"国民收入倍增计划"启动，不断推进贸易自由化，推行实质的日元贬值，扩大出口，1968年日本一跃成为世界第二大经济强国，创造了"日本经济奇迹"。③ 经济低速增长期（1971—1988）：受第二次"尼克松冲击"（1971年，尼克松决定对他国商品课征10%的附加税）和两次石油危机（分别为1973年和1978年）的影响，日元升值，日本经济在1974年迎来战后首次负增长，为高速经济成长按下暂停键。这一时期日本经济增速稍有回落，但与同时期其他发达国家相比仍处于领先水平。④ 经济低迷期（1989年至今）：自20世纪80年代中后期开始酝酿的泡沫经济，到20世纪90年代初全部破灭。1992年2月，日本开始出现经济衰退，泡沫经济开始崩溃，日本经济进入了长期的低迷状态，进入"失去的十年"，并一直持续至现在。

本节将以此为依据，将日本战后至今划分为三个阶段：① 战后经济恢复期（1945—1955）；② 经济增长期（1956—1988）；③ 经济低迷期（1989年至今）。

三、案例的选取

在亲密关系维度划分和经济阶段划分的基础上，本书将在每个阶段选取典型案例进行分析，从侧面反映某阶段的性观念变迁的特征，将选取的案例如表1-13所示：

表1-13 本书所选案例

阶　　段	案　　　例
战后经济恢复期 （1945—1955）	（1）"潘潘"群体
	（2）查泰莱审判
经济增长期 （1956—1988）	（1）大岛渚电影中所体现的亲密关系
	（2）宝冢歌剧团男役形象分析
经济低迷期 （1989年至今）	（1）当代日本电影中的厌女形象分析
	（2）少女漫画/电影中的亲密关系
	（3）平成时期各类亚文化及亲密关系替代

（表格来源：笔者自制）

其中，战后经济恢复期（1945—1955）选取了"'潘潘'群体"和"查泰莱审判"两个案例，其中"'潘潘'群体"是战后GHQ[1]和日本政府对"性"进行集中管制的体现，而"查泰莱审判"则展示了战后初期较为保守的性观念；经济增长期（1956—1988）选取了"大岛渚电影中所体现的亲密关系"以及"宝冢歌剧团男役形象分析"两个案例，其中，大岛渚20世纪60年代电影中的青年群体体现了战后日本青年一代的困顿迷茫和对亲密关系的看法，"宝冢歌剧团男役形象分析"则体现了日本20世纪70年代经济腾飞时期女性意识增强，并展现了中产阶级女性对亲密关系替代的看法；经济低迷期（1989年至今）选取了"当代日本电影中的厌女形象分析""少女漫画/电影中的亲密关系"以及"平成时期各类亚文化及亲密关系替代"三个案例，其中"当代日本电影中的厌女形象分析"体现了平成时期女性的多重样态，"少女漫画/电影中的亲密关系"则体现了平成时期诸多新型的家庭模式以及日本社会由来已久的"女校文化"，"平成时期各类亚文化及亲密关系替代"则是日本第二现代社会青年亚文化的体现。

四、具体研究方法

本书将采用定性和定量相结合的方法，利用大规模文本和数据，以现代化时间段的划分以及亲密关系研究的三个层次划分形成本书的整体骨架和脉络，在此基础上进行资料的归纳和整理，并辅以案例研究，进而得出结论。

第二章至第四章为本书的主体内容，第二章为经济恢复期的亲密关系变迁（1945—1955），第三章为经济增长期的亲密关系变迁（1956—1988），第四章为经济低迷期的亲密关系变迁（1989年至今），每章将首先介绍同一时期的国际背景和性解放相关进程，进而介绍日本国内该时期的社会环境，并从亲密关系的三个层面详细探讨所收集到的资料，其后将选取2～3个典型案例进行案例研究。终章将对亲密关系变迁的特征及影响进行分析，进而得出本研究的结论。

---

[1] 驻日盟军总司令（GHQ-SCAP，以下简称GHQ），指美国远东军司令兼驻日美军总司令道格拉斯·麦克阿瑟在同盟国军事占领日本期间的一个头衔。

第二章

经济恢复期的亲密关系变迁（1945—1955）

第一节 社会背景

一、国际背景

1945年8月15日，日本表示接受《波茨坦公告》[1]，日本裕仁天皇发表《终战诏书》，并宣布日本无条件投降，就此，第二次世界大战正式结束。随着1946年丘吉尔发表"铁幕演说"[2]，拉开了冷战的序幕；1947年"杜鲁门主义"[3]出台，冷战正式开始。1955年华沙条约组织成立，标志着世界形成美苏争霸的两极格局。

这一时期，西方性科学不断进步：1948年，美国性学家阿尔弗雷德·金赛出版《人类男性性行为》（*Sexual Behavior in the Human Male*），从科学的

---

[1] 《波茨坦公告》（英文原名 *Potsdam Declaration*）：发表于1945年7月26日，全称《中美英三国促令日本投降之波茨坦公告》，简称《波茨坦公告》或《波茨坦宣言》。这篇公告的主要内容是声明三国在战胜纳粹德国后一起致力于战胜日本以及履行《开罗宣言》等对战后日本的处理方式的决定。（来源：中华人民共和国外交部《波茨坦公告》中文全文）

[2] 铁幕演说：1946年3月5日，英国前首相温斯顿·丘吉尔在美国富尔顿城威斯敏斯特学院发表的反苏联、反共产主义的演说，运用"铁幕"一词之意攻击苏联和东欧社会主义国家"用铁幕笼罩起来"，因此该演说被称为"铁幕演说"，铁幕演说也被认为是正式拉开了美苏冷战的序幕。（来源：https://baike.baidu.com/item/铁幕演说，浏览时间：2024年7月10日）

[3] 杜鲁门主义：1947年3月12日，时任美国总统杜鲁门在致国会的关于援助希腊和土耳其的咨文中，提出以"遏制共产主义"作为国家政治意识形态和对外政策的指导思想。（来源：https://baike.baidu.com/item/杜鲁门主义/103746?fr=aladdin，浏览时间：2024年7月10日）

角度出发探讨同性恋，使得该群体得到主流媒体的广泛关注；金赛进而于1953年出版《人类女性性行为》(Sexual Behavior in the Human Female)，再次引发热烈讨论。他在这两本书中利用大规模社会调查法进行研究，其研究内容与"性释放总量"[1]理论相关，利用详实的数据打破了美国延续近300年的清教禁欲主义传统，以生物学意义上的科研突破和规律式总结，深刻地指出其违反人性之处，为20世纪60年代的性解放提供了科学依据。《金赛性学报告》中的大量数据，揭露了当时美国性风尚的虚伪，其中同性恋、"反常性行为"、婚外性交、嫖妓等现象都占有很高的比例，与美国一直标榜的"性的保守主义"有很大差异。

二、日本国内背景

1945年9月2日至1952年4月28日，日本被美国主导的盟军最高司令官总司令部（GHQ）占领，日本在美国的带领下，加速现代化进程。

（一）民主化改革，恢复经济

在政治方面，GHQ最高司令官麦克阿瑟（Douglas MacArthur）主张以"去除军国主义"和"民主化"为原则进行政治、经济、文化等方面的改革。1945年10月，GHQ下令实行"五大改革指令"：第一，制定新宪法。1947年5月3日，新《日本国宪法》正式施行，取代旧的《大日本帝国宪法》；第二，鼓励、奖励组织工会；第三，教育制度改革；第四，废除秘密警察；第五，实现经济机构的民主化。具体措施包括：① 经济改革：以解散财阀、农地改革、劳动改革为主的"三大经济改革"。② 教育改革：停止军国主义教育，开除好战分子的教职；采用新的教科书，实行与新时代相适应的公民教育；1947年3月31日，颁布施行《教育基本法》，采取民主主义的教育理念，施行教育机会均等、九年义务教育、男女共学等措施。③ 选举权改革：赋予女性参政权，选举权由年满25岁以上的男性扩大到年满20岁以上的男性和

---

[1] 性释放总量：把人的一切种类的性活动，都看作性能量得以释放的具体形式，其中达到性高潮的那些性行为的次数的综合，就是当事人的性释放总量。只有这样来研究，才可以把人的所有性现象都转化为一个量的概念，才可以把多个人的所有性行为加以精确的比较（来源：《金赛性学报告》中文译本）。

女性。④ 制定新宪法：新《日本国宪法》与旧的《大日本帝国宪法》最大的不同，在于新宪法实行"象征天皇制"，规定主权在民、放弃战争、尊重人权等资本主义民主制度原则。

在经济方面，战后日本经济百废待兴，通货膨胀严重，粮食短缺，民间黑市交易猖獗；依靠占领期"三大经济改革"、美国的援助以及朝鲜战争带来的"特需景气"等因素，日本经济逐渐恢复并发展，在国际体系中逐步恢复地位。

在社会文化方面，GHQ以社会的自由主义化和民主化为目标，去除战时极端军国主义、法西斯主义的言论、思想等，否定以往的价值观和权威，恢复战前被日本政府开除的信奉自由主义的大学教授和教员，同时对新闻业实施管制，严查文学作品中关于"神风队"以及"战争体验"等的描写。美国占领军不仅给日本带来了民主的新风，也带来了好莱坞和纽约的最新时尚、性感的尼龙长筒袜、浓艳的口红和美式脱衣舞。受美国文化影响，街上流行笠置シズ子的歌《東京ブギウギ》，这首歌在庶民阶层广为流行。1948年，被称为"国际天才少女"的美空ひばり于横滨国际剧场出道，美空ひばり的歌曲《東京キッド》歌词中有关于口香糖和香水的内容，标志着日本进入崇拜外国商品的时代。

战后，日本迅速涌现出大批制作西式服装的裁缝店，和驻日美军大量接触的"潘潘"[1]便较早接触到美国的时尚元素。她们通过吸收美国文化成为时尚的弄潮儿，之后慢慢渗透到各个阶层。对于很多日本人来说，美国式的民主具有一定的吸引力。但日本在战后的繁荣受到多种因素影响，并非单纯依靠美国式民主。约翰·道尔曾指出："美国陆军消费合作社在战后初期那段赤贫的日子里，看起来像是一个魔法宝库，不仅堆满了食品、酒、雪茄、糖果和各种美味，还有性感'堕落'的女性用品，比如口红和尼龙长袜。"[2]一位日本女记者回忆道："正当妇女们脱去战争年代丑陋的肥大雪绔，美国人来了，带来了她们从没见过的尼龙丝袜。"

---

1 "潘潘"：原本是美军对南太平洋诸岛上的妓女的称呼，在日本则指代战后专做美国大兵生意的站街妓女。
2 约翰·W.道尔：《拥抱战败》，胡博译，北京：生活·读书·新知三联书店，2017年，第110页。

（二）"粕取文化"盛行

日本在战后依靠美国的扶持推进了各项改革，然而战败的事实极大地伤害了日本人的自尊心。受战争破坏、经济崩溃等多种因素影响，日本社会出现了"虚脱""堕落"的思想，一种"粕取文化"[1]开始流行。太宰治的《人间失格》《斜阳》等作品开始传播，与之相关的"没落阶级""斜阳族"等词汇在社会讨论中逐渐成为流行语。坂口安吾1946年4月发表的《堕落论》，将堕落颓废与个人主义等问题联系起来。1949年，连续发生了下山事件、三鹰事件、松川事件等，牵扯到许多劳动斗争，国民陷入恐慌情绪中。

这一时期，美国文化的"入侵"使日本民众感受到了巨大的心理落差，催生了对旧日本体系彻底否定的思想潮流。与美国大兵自信洋溢的状态相反，战败后的日本人陷入了"社会性死亡"的精神状态，战后日本学界将这一状态描述为"虚脱"[2]。无条件投降使日本民众紧绷的神经迅速转变到彻底的解脱之中，随之而来的是绝望和疲惫，整个社会由此陷入了一种"精疲力竭"的状态之中。

受到这种氛围的影响，"粕取文化"诞生并迅速成为主流，其中，低俗杂志是"粕取文化"的一大产物。1945年8月太平洋战争结束，长期以来被军国主义压制的"色情"文化开始在日本大街小巷流传。从粕取杂志（カストリ雑誌）中的色情报道、脱衣舞（ストリップ）、打工沙龙（アルバイトサロン）开始，到50年代出现了红线地带[3]、蓝线地带[4]、应召女郎[5]等发挥"性

---

1 "粕取"：日文"かすとり"，字面意义为日本米酒的酒糟，从中酿制提取劣质的"粕取烧酒"。"粕取文化"便意味着在渣滓与糟粕中寻求生命的真谛。"粕取文化"的宗旨是强行赋予狂乱的颓废生活以所谓的意义。在"粕取"分子看来，颓废是唯一的信仰，肉体成为唯一值得崇拜的事物。
2 Kazuko Tsurumi. *Social Change and the Individual: Japan Before and After Defeat in World War II* [M]. Princeton, N. J.: Princeton University Press, 1996: 23.
3 红线地带：日文"赤線地帯"，是指以卖淫为目的的特殊饮食店集中的地域，在警方的地图上用红线标出。1957年因《卖淫防治法》的实施而废除。
4 蓝线地带：日文"青線地帯"，在红线地带周围存在的无营业执照而做卖淫生意的饮食店街，在警方地图上用蓝线标出。
5 应召女郎：日文"コールガール"，应电话之召外出接客的妓女。

补偿"作用的出版物及风俗产业纷纷涌现，同时夫妇杂志开始流行，太阳族[1]电影、海女电影也开始在影院出现。这一时期人们对亲密关系的看法即在这股"堕落之风"中开局。

（三）高桥铁与战后"金赛性学热"

日本分别于1950年和1955年翻译了金赛的《人类男性性行为》和《人类女性性行为》，《金赛性学报告》所采用的科学方法和书中对同性恋广泛存在这一事实的大胆揭露，在日本引起轰动。日本学者继承了其中的科学方法，出现了高桥铁的《人性记》（1952）、篠崎信男的《日本人の性生活》（1953）以及太田典礼的《第三の性》（1955）等调查报告。《金赛性学报告》以其"科学性"和"先进性"而备受瞩目，其科学方法和对同性恋现象的揭露为日本性科学发展提供了重要借鉴，推动日本性科学在战后最初十年迎来快速发展期，形成了"金赛性学热"，以高桥铁为中心的性社会学家通过出版一系列相关著作，奠定了战后日本社会亲密关系研究发展的根基，并通过宣传刊物和纯洁教育，将性科学知识普及至一般民众。1946年8月，福冈武男设立性科学研究所。1947年1月26日，中央大学主办的全国性科学运动青年大会吸引了超过2 000名听众，会上福冈武男提议设立日本性教育协会。随后在1948年，药事法改订，日本开始出售避孕药，这不仅促进了性解放，还加深了人们对节育和优生的理解。同年，普及性科学知识的杂志《性爱春秋》和《性教育》相继创刊，性科学普及会出版了《夫婦の幸福への48法》，旨在助力更多夫妇获得幸福婚姻。1953年，日本性学会第二次大会重点讨论了金赛博士的性学理论，这一时期的性科学通过借鉴西方理论，呈现出蒸蒸日上的发展趋势。

高桥铁是对战后日本性科学做出巨大贡献的人物之一，不仅引领了战后日本研究《金赛性学报告》的热潮，同时在学习借鉴金赛性科学调查方法的基础上，实施了属于日本本土的亲密关系调查，为该学科在日本的发展做出了重要贡献，通过《性典研究》《女体の数字》等著作成为日本战后亲密关

---

[1] 太阳族：该词源自石原慎太郎1955年发表的小说《太阳的季节》，小说中的"太阳族"是指不受现有的秩序约束、思想言行自由奔放的战后派青年。这一小说在1956年被改编为电影。

系研究领域的开拓者，同时也是战后日本性科学解放的先驱。

作为战后日本性启蒙者，高桥于1949年出版的《あるす・あまとりあ》凭借其创新性的亲密关系理论、符合当时社会需求的内容以及有效的宣传推广等因素，成为畅销书，并创设了日本生活心理学会。其后，高桥又创办了《人间探求》（1950—1953）和《あまとりあ》（1951—1955），兼任日本性教育协会调查研究部长。然而，作为亲密关系研究领域的先驱者，高桥也经历了诸多磨难。1954年因其主宰的日本生活心理学会颁布的资料中涉及"淫秽（日文"猥亵"）图书贩卖・颁布罪"而被告发，1958年《生心レポート》等作为"淫秽图书贩卖罪"被押收，高桥被逮捕。

高桥铁作为日本亲密关系研究领域的先驱者，以"构建家庭幸福"为目的，通过一系列著作和心理学临床活动考察亲密关系，对战后日本社会进行性启蒙。由于高桥铁并非大学和研究机关人员，在获取大规模调查资源方面存在困难，所以他选择对自己组织的日本生活心理学会会员进行调查，通过书面调查和访谈，研究日本人关于亲密关系的烦恼以及性生活的实际情况。《金赛性学报告》中的方法为高桥铁提供了有益的借鉴，《人性记》（1952）即是以此为参考写就。书中高桥铁共调查了日本生活心理学会会员以及日本精神分析学会会员241人，新婚夫妇100对，以及在《人间探究》杂志上投稿的252位读者和《あまとりあ》的100位读者等，共计793人。高桥铁不仅广泛收集数据，同时深入研究被调查者的答案，从中得出有益结论。调查的具体内容主要有：① 首次知道"性交"这一事实的感想；② 首次看到"性交"场景的时间；③ 性欲的自我意识；④ 性交的经验与感想；⑤ 初次性交时是否有不安和顾虑；⑥ 是否希望对方是处男或处女；⑦ 自慰（是否会相互自慰）和梦遗；⑧ 婚前想要知道的性知识；⑨ 体毛和腋毛的发育情况以及变声期等。高桥铁同金赛一样，也发现了"同性恋者在总人口中占有一定比例"这一事实。

高桥铁之所以热衷于亲密关系研究，是因为看到了日本在亲密关系研究上的发展水平与欧美国家的差距，认为战败的日本急需相关知识，普及"优生"以及"男女平等"等思想。虽然高桥铁奠定了日本社会亲密关系研究的基础，引领了亲密关系解放，打破了日本人对亲密关系的无知，但在某些方面亦有其局限性。比如关于"异常性欲",他更看重夫妇之间正常的性关系,将同性恋等性取向视为偏离所谓"正常"的情况并加以边缘化,并在两性关系中,将女性的角色固定,忽略了女性的性欲求等。

第二节　个人层面：纯洁教育的影响和作用

这一时期,"纯洁教育"对日本民众性别身份的建构和认同以及对亲密关系的认识有重要影响。

一、"纯洁教育"的由来

如果将日本性教育史大致分为两个阶段,则从战后至20世纪70年代初为"纯洁教育"时代,之后进入相对多元发展的性教育阶段。所谓"纯洁教育",即强调"正确、具备科学性的性知识",但实质内容依各方阐述而异,仅在纯洁教育"是教导两性建立正确的肉体及精神关系"这一点上达成共识。换句话说,"纯洁教育"只承认夫妻双方之间的性行为,避免婚前性行为的发生。1947年1月6日,文部省下达实施"纯洁教育"。"纯洁教育"这一说法从1947年起,一直沿用至1972年,但这一概念在GHQ占领期有特殊的含义——推行作为治安风俗对策的"纯洁教育"。这要从战后特殊慰安设施协会的成立(简称R.A.A)说起。

1945年8月18日,内务省警保局长向都道府县知事发出了"关于外国军人驻地的慰安设施"的电报,为了应对占领军的生理需求,减少占领军对普通女性可能的侵犯行为,采取了设立慰安设施的措施。1945年8月28日,特殊慰安设施协会成立。随着占领军的到来,R.A.A在街头和报纸刊登相关招募广告。由于战后经济困难,不仅是战时的慰安妇,许多在战争中失去父兄、家产尽毁、陷入贫困的女性也或直接或间接地成为慰安妇。

然而,R.A.A成立后不久,性病开始在占领军中蔓延,为了应对这一情况,同时建立良好的性道德秩序,政府采取了一系列措施。1946年1月21日,GHQ下令废止公娼,并于1946年3月关闭R.A.A慰安所。同月,美国教育使节团来日促进日本战后教育体制改革，并留下了《美国教育使节团报告书》，其中提到了"保健教育"的重要性，促使日本的性研究者朝这一方向努力。为了进一步打击私娼，1946年11月14日，事务次官会议通过了一系列取缔私娼的措施，并提出通过子女的教育对男女之间的交往进行正确引导的必要性，且从家庭、文化活动、出版等几个方面提出了具体措施。

二、"纯洁教育"相关措施的制定

1947年1月6日，文部省下达实施"纯洁教育"，并于6月4日成立"纯洁教育委员会"。1948年7月30日日本性教育协会成立，永井潜任会长。1948年9月，该协会创办了《日本性教育協会会報》，协会具体组织架构展示如图2-1所示：

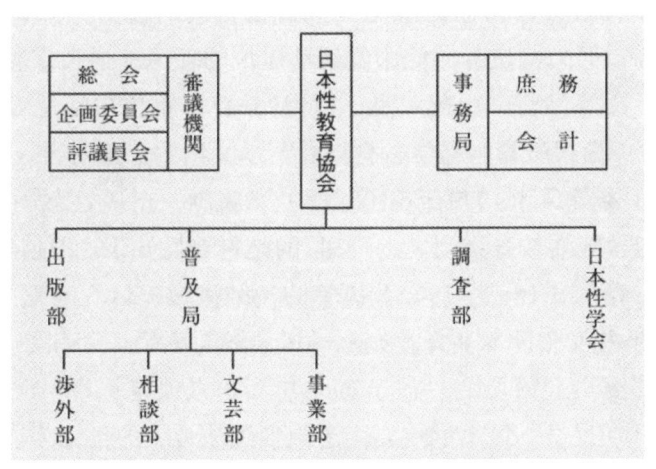

图2-1　日本性教育协会组织图

（图片来源：《日本性教育協会会報》创刊号）

性教育协会一经成立，便开展了诸多普及性科学的活动。1948年，调查部长高桥铁为中心作成了《人类的繁荣　性教育挂图（初级用）》，被文部省和厚生省推荐。在此之后的活动主要有两项：① 性教育展览会：从1949年开始至1950年，于东京涩谷、新宿等地开展了一系列性教育展览会，主要内容包括受孕调节、性病、儿童的性教育等；② 金赛《人类男性性行为》的翻译,由协会会长、东京大学名誉教授医学博士永井潜及庆应大学教授安藤画一担任翻译,明治大学教授藤泽卫彦担任编辑,共花费两个月左右时间。

1948年,《性病预防法和卫生保护法》颁布并施行。1949年,加入了可因经济理由中止妊娠的规定,这是因为:① 二战结束后梅毒爆发;② 第一次婴儿潮(1947—1949)容易带来人口过剩问题。为普及节育和优生等知识,在1949年前后日本各地举办了以结婚、节育、优生等为主题的性教育展览会。由此可见,"纯洁教育"一经实施,在日本各地就得到较好的宣传,关于性病预防、结婚、节育、优生等性科学知识得到了普及。

1949年1月28日,文部省发表《纯洁教育基本要项》,主要有五个方面的内容:① 纯洁教育的目标;② 纯洁教育的实施方针;③ 纯洁教育的实施场所;④ 纯洁教育的方法;⑤ 纯洁教育的一系列问题。其中纯洁教育的目标主要有:净化社会,树立男女道德;传播正确的性科学知识,弘扬性道德;鼓励娱乐,努力营造身心健康发展和愉悦的环境;通过宗教、艺术等文化陶冶情操、提炼品位。由此可见,"纯洁教育"不仅包括性教育,还包含一般道德教育、公民教育、科学教育以及艺术文化教育等内容。

纯洁教育委员会于1949年6月出版了安藤画一的《性教育のあり方》,并将该书定为"纯洁教育系列之一",目的是科普性知识。"纯洁教育系列之二"是久部白落实(1882—1972)执笔的《純潔教育はなぜ必要か》(1949年9月)。久部白曾在日本基督教妇女矫风会参与废娼运动和妇女解放运动,还是纯洁教育委员会成员之一,于1946年参与众议院选举,分别于1947年和1950年竞选参议员。该书的主要内容包括纯洁教育的目标、纯洁教育的方针、纯洁教育的场所、纯洁教育的方法、纯洁教育的诸问题(男女教育与男女共学、恋爱与结婚、娱乐与趣味、饮酒与抽烟、性病)等,与《纯洁教育基本要项》的构成基本一致。

在此书之后,纯洁教育系列的书籍还有山室民子主编的《性知識のあたえかた》、ガントレット恒子执笔的《男女の交際と礼儀》、望月卫执笔的《青年期の性の心理》。

1949年,日本众多中学的体育科改称"保健体育科",并制定了保健课的课时数和学分,由此开启了保健教育的改革。同年11月,文部省公布了《中学保健计划实施要领（试案）》，其中包含有益健康的学校环境、有益健康的学校生活以及学校保健事业等。其中，"健康教育内容"一共有13项，其中比较重要的一项是青春期健康教育，主要内容有：① 青春期发育的过程；② 青春期身体的变化（身高、内分泌系统的调整、男性生殖系统、女性生殖系统、月经）；③ 生殖机制（精卵结合、双胞胎形成的原因、性别的决定因素）；④ 与性有关的若干问题（健康的男女关系、不健康的男女关系）；⑤ 什么是遗传。

以此为基础，1951年文部省发行了高等学校教科书《健康与生活》，其中关于青春期生理问题的具体内容列为表2-1所示：

表2-1 《健康与生活》中青春期生理问题的具体内容

青春期	
1. 青年身体的变化	（1）青春期发育的过程
	（2）青春期身体的变化
	（3）内分泌腺及荷尔蒙
	（4）性器官的构造及作用
	（5）月经及月经时的卫生
	（6）受精
	（7）更年期
2. 结婚与遗传	（1）本能的调节与结婚的目的
	（2）婚前性行为与男女交际
	（3）结婚与健康
	（4）结婚与遗传
	（5）优生保护法与优生手术
3. 性病及其预防	（1）性病及其感染
	（2）梅毒及其预防
	（3）淋病及其预防

（表格来源：笔者依据日本性教育协会相关资料翻译整理）

除关注性医学、性生物学知识外，战后初期性教育教科书中还会出现"时事问题"和"家庭"相关的内容，强调性道德和纯洁的重要性。

1949年5月31日，"纯洁教育委员会"改称为"纯洁教育分科审议会"。1950年，纯洁教育分科审议会发表《男女の交際と礼儀》，主要包括男女交际中的一些注意事项和准则。在这本书的编撰过程中，《妇人公论》杂志曾征集包括青年团体、教育工作者、妇女团体和普通大众等在内的共计700余人的意见。本书的起草小组委员会成员千本木道子也表示，委员会征集了全国青少年团体和社会教育委员的意见，其中青年团体约450名，教育工作者150名，妇人团体和一般社会人170名，学生60名，加上工作人员共约700名，收集了来自全国各地的意见。主要通过问卷调查的方法进行收集，向被调查者邮寄纸质问卷，各项目均可自由记述。主要结果展示如表2-2所示：

表2-2　有关男女交往的调查

项　目	回　　答	回答数
男女交往 （回答者384名）	男女应在互相尊重的基础上交往	198
	男女之间应实现自由交往	87
	不得与街头随便认识的人交往，只能与在家庭、学校、职场认识的人交往	18
	为回避世人眼光而秘密交往，这是很不好的	12
	性教育十分必要	8
	男女之间应平等交往，尤其应注意倾听女性意见	8
	应创造向家人坦白自己恋情的风气	7
礼仪 （回答者362名）	应提倡简单大方的礼仪，省略多余的客套话	203
	应从小对儿童灌输正式的礼仪，如握手、举帽、鞠躬等	62
	礼法在任何一个文明国家都是极其严格的，日本这方面比较混杂，重建新的礼仪标准是十分重要的	59
	谈及男女交往，学习正确礼貌的鞠躬、适当的礼仪，是现在和未来有教养的年轻人应有的方式	18

（续　表）

项　目	回　答	回答数
礼仪 （回答者362名）	现在的年轻人行礼的方式有多种，例如举手、握手、临别时的军队式行礼等，应尽量统一	3
拜访 （回答者428名）	拜访要尽量提前安排，坚持准时，避免因突然拜访而给对方造成麻烦	157
	拜访时应尽量避免闲聊	101
	拜访异性时，应尽量避免进入对方的个人房间	72
	拜访时带的礼物应真心实意	39
	拜访时不得强行让对方饮酒	31
	被拒绝时应停止强行供应食物和饮料	24
服装 （回答者330名）	保持服装整洁是最基本也是最重要的礼仪	112
	如今已不再是讲究不修边幅的男子汉气概的时代，应认真打理自己的头发和形象	109
	追求服装美丽整洁，拒绝"潘潘"引领的低端潮流	42
	赤脚是非常失礼的	26
	舞台妆等粗俗的妆容会降低品位	23
在街头 （回答者150名）	正走在路上突然向对方搭讪或邀请去咖啡馆是非常不礼貌的	55
	尽量避免在人群中站着长时间聊天	48
	避免喝醉后在街上闲逛	47

（表格来源：笔者依据日本性教育协会相关资料翻译整理）

由上表可见，关于男女交往的礼仪，在当时有较为严格的要求和标准，且十分讲究礼貌和礼仪。为进一步推进纯洁教育，在《文部时报》1950年10月号中，伊藤秀吉（时任纯洁教育分科审议会长）提出了纯洁教育分科审议会的五点内容：① 出版界自我约束的要求和指导；② 电影界自我约束的要求；③ 男女交际的礼仪和基准；④ 暑假纯洁教育的相关建议；⑤ 相关资料

的制作。1953年4月，文部省初等中等教育局中等教育科发布了《明るい生活——中学校高等学校における性教育の手引——》，主要内容是指导如何实施"男女共学"制度。

纯洁教育通过一系列课程的实施，以及关于青春期的引导、如何成为合格的父母、制止婚前性行为等的宣传，形成了隐形的男女两性社会规范，实质上是对性别二元的巩固，即女性需要洁身自好，增强贤妻良母的家庭属性，男性也要增强责任感和家庭担当，这一时期性别身份的建构主要建立在为社会服务的基础之上，同时对亲密关系的看法较为保守，婚前、婚外亲密关系皆被认为是不道德行为，家庭结构的完整是唯一追求。

第三节　家庭层面："家"制度的解体

日本战败后，天皇制在美国占领当局的主导下进行了改革，天皇的权力被大幅削弱，但日本政府依然希望通过传统家庭制度安定民心，维护统治，提出"男科学，女家务"[1]的口号，让战时在后方支援的女性回归家庭。然而，在战后民生凋敝、百废待兴的社会环境下，民众普遍认为传统"家"制度的存在无法摆脱贫困，更勿论提高生活质量，因此纷纷要求对旧有的家庭制度进行改革。同时《波茨坦公告》中也明确表示"欺骗及错误领导日本人民使其妄欲征服世界者之威权及势力，必须永久剔除"。

根据新宪法精神，1947年，民法对《亲属编》和《继承编》中有关家族制度的内容进行了重大修改。其修改内容主要有以下几个方面：① 废除封建的"家"制度；② 改革婚姻制度；③ 保障妇女权益；④ 继承制度的改革。从此，日本家庭发展进入了新的阶段。

除法律形式的改革外，战后的民主改革也从政治、经济和思想等方面直接摧毁了"家"制度存在的根基：在政治上，天皇制的变革宣告了封建家长制的正式解体；在经济上，解散财阀和农地改革的措施直接摧毁了家庭制度

1　李卓：《战后日本家族制度的改革》，《南开学报》，1998（6）：50。

的经济基础；思想上，禁止进行军国主义教育，起到了从思想上、精神上瓦解日本传统家庭制度的作用。此外，这一时期对女性参政权的承认，直接影响了家族制度的变革。

这一时期"家"制度的解体在青年择偶观及男女家庭地位实现夫妻同权中也有所体现。

一、择偶观：摆脱家长束缚

这一时期青年在择偶观方面，大多数倾向于摆脱家长束缚。在战前的日本，旧民法规定，结婚不仅要征得户主同意，而且凡年龄未满30岁的男子或年龄未满25岁的女子结婚，还要得到父母的同意（旧民法772条第1款）。战后，在婚姻家庭方面，当局积极促进日本婚姻制度变革，鼓励自由恋爱，通过新宪法的实施，废除了传统的"家"制度，明确了婚姻不再是两个家庭之间的结合，而应当是男女双方在互相尊重和平等的基础上的决定，强调自由恋爱和婚姻民主化。同时，在新民法中，将原有的"婚姻须征得户主及父母同意"的规定删去，改为"男方年满18周岁，女方年满16周岁可以结婚，对于未成年子女结婚，应经其父母同意，父母一方不同意时，有他方同意即可"（民法737条）[1]。这就使得自由恋爱有了法律上的保障。

这一规定也使得日本女性的婚姻选择权、婚后生活的自主权得到了保障。在当局的帮助下，新宪法和新民法都做出了有利于女性权利的规定，使得日本女性在婚姻和家庭中的地位大大提高。基于此，自由恋爱、自由结婚的风气逐渐盛行。比如1947年11月，结婚杂志《希望》于多摩川畔开展了大规模相亲活动，吸引了近400位男女嘉宾参加。

1950年，内阁府对全国2 500名20岁以上的男女进行调查，结果显示，在结婚对象的选择上，有32.7%的人认为应该由子女掌握决定权，40.0%的人认为应该由父母和子女共同决定，仍有19.7%的人认为应该由父母来决定结婚对象，另有7.6%的人表示视情况而定或不清楚[2]。到了1955年，内阁府

---

[1] 刘冰：《战后日本家庭观念的变迁研究（1945—2019）》，中国社会科学院大学博士学位论文，2020：23。
[2] 内閣府：婦人の地位（婦人第1部）に関する世論調査（昭和二十五年2月），2007年4月。

就战后十年的回顾和展望展开舆论调查，在3 000名20岁以上的调查对象中，57%的人赞成由自己决定结婚对象比较好，30%的人认为由父母决定比较好，另有13%的人表示不清楚[1]。因此，可以看出，在20世纪50年代初期，日本的自由恋爱不断发展，越来越多的年轻人在择偶问题上摆脱了父母的束缚。

二、男女分工：实现夫妻同权

在自由恋爱风气蔓延的同时，这一时期女性的家庭地位提高，实现了男女分工，夫妻同权。战前日本女性社会地位低下，女性在家族中属于丈夫的从属物，夫妻地位不平等在旧民法中有大量体现：① 关于夫妻共同生活：规定妻子负有与丈夫同居的义务，丈夫有要求妻子与其同居的权利（旧民法788条）；② 关于姓氏：规定结婚后妻随夫姓；③ 关于子女问题：规定亲权只由父亲行使，只有在父亲去世的情况下母亲才拥有亲权的行使权。由此可见，战前日本女性家庭地位十分低下。

美军占领期间，日本通过法律改革在一定程度上提升了女性的法律地位，朝着男女平等的方向迈出了重要一步。战后新民法将旧民法中的"户主及家庭"部分全部删除，使得"家"制度彻底被废除，从而使得男性在家族中至高无上的地位也随之消失。针对旧民法中夫妻地位不平等的问题，新民法做了以下修改：① 关于夫妻共同生活：夫妻互负同居的义务，相互合作，相互扶助（民法752条）；② 关于姓氏：规定姓氏由夫妻双方协商确定，目的完全在于方便称呼，而不存在隶属关系（民法750条）；③ 关于子女问题：规定未成年的子女服从父母双方的亲权，即母亲也可拥有亲权的行使权（民法818条）。

同时在财产权方面，女性的权利得到了保障。对于婚姻生活的费用，新民法规定夫妇双方共同负担，并按双方的资产、收入等情况决定分担的比例（民法760条）。在离婚方面，也实现了离婚原因的合理化，在旧民法中，规定有贞操义务的只有妻子，丈夫通奸不能成为离婚原因，而妻子通奸则会被问罪（旧民法813条）。新民法剔除了这种不平等，规定在下列情况下，夫

1　内閣府：戦後10年の回顧と展望に関する世論調査（昭和三十年8月），2007年3月。

妻任何一方都可以提起离婚诉讼：① 配偶有不贞行为；② 受到配偶暴力；③ 被配偶恶意遗弃；④ 不履行以夫妇享有同等权利为基础的合作义务；⑤ 不履行分担婚姻费用的义务；⑥ 配偶生死未明三年以上；⑦ 夫妇分居五年以上；⑧ 配偶患有严重精神疾病且没有康复的希望。除此之外其他重大理由难以继续婚姻的，也可以提起离婚诉讼（民法770条）[1]。

第四节　社会层面：对风俗业的打压

这一时期，社会层面的道德规范主要体现在政府对风俗业的打压以及对色情出版物的查禁，同时也体现在对性少数群体的痛恨及蔑视。

一、对"男娼"的污蔑与打压

日本战败后，大量士兵被遣返日本，同时也存在许多因空袭而失去家庭、苦于生计的人，城市里出现了大批"流浪汉"。由于生活困难，许多退役军人打扮成女性，以男娼身份卖淫。这一时期，诸多杂志报道了这一现象，其中《内外タイムス》将男娼比作"畸形儿"[2]，认为他们尽管生理上是健全的男性，但饱受"性倒错"之苦，被迫在"卖淫"和"小偷"之间作出选择。战时相对闭锁的环境（例如军队、工场等），导致同性行为大量出现。男娼因其身上缺乏军国主义的男性气概而成为"日本战败"的象征。

男娼不仅被媒体视作战争的"畸形儿"，同样在性科学中也被视作"变态性欲"，成为被调查和被矫正的对象。在上野，男娼经常被称为"刈り込み"而被警察镇压。精神科医生南孝夫对在上野被逮捕的22名男娼进行了调查，包括对年龄、疾病史、身体/精神/智力方面的特征、兴趣爱好等进行了详细询问和记录，认为这类男娼虽然在身体、智力等方面与普通人没有太大

---

[1] 刘冰：《战后日本家庭观念的变迁研究（1945～2019）》，中国社会科学院大学博士学位论文，2020：23。
[2] 《内外タイムス》，1949年7月30日。

差异，但南医生重点强调了其精神的"异常"[1]。

与人们对男娼的刻板印象相符，1948年11月22日夜，上野的田中荣一警视总监被男娼殴打，事件的起因是警察在搜捕男娼的过程中，摄影师未经许可拍摄了诸多男娼的照片，因此男娼被激怒，警视总监被殴打。在此事件后，警方很快开始了针对男娼的清理行动，社会舆论也将男娼视作"危险""丑恶"的人物。

与男娼类似，50年代，日本男同性恋的表象以"ゲイボーイ"（Gay Boy，由占领期间美军对日本男同性恋者的称呼而来，以下简称"男同性恋者"）为代表，男同性恋者一般出现在酒吧，主要分为两种类型：中性风格的美少年和女性装扮的人。历史学家三桥顺子称："20世纪50年代的男同性恋酒吧中，丸山明宏那样的美少年系男同性恋者占了大多数，在西洋风酒吧里的装扮大多是夏威夷衬衫配紧身裤，在和风酒吧中的装扮则是淡妆和中性的服饰为主流；除此之外，也有打扮成女性的男孩混入其中。"[2]男同性恋酒吧中的男同性恋者往往不提供性服务，但都乐在其中，当时男同性恋者的形象同"潘潘"一样，代表着潮流最先锋。

这一时期，出现了描述对美国占领军同性爱慕的小说，例如樫村幹夫的《男色の部屋》（1959）、志田柳次郎的《倒錯の群像》（1959）。然而，这一时期同性关系被视为社会问题，并被认为有着不好的隐喻，例如在宫本幹也的短篇小说《ゲイボーイ》（1958）和结城昌治的小说《陰花植物》（1961）中均将同性恋者的结局设计为死亡。

二、《风俗营业改正法》（1948）的制定

这一时期，《风俗营业改正法》（1948）的制定，与"潘潘"群体的出现有很大关联。这要从日本战败说起：战后几十万美国占领军入驻，使得风俗业的存在更具备一定的现实基础。1945年8月28日，日本东京警视厅建立了"特殊慰安设施协会"，建立该机构是为了缓解美军的性需求，减少美军对日

---

[1] 酒井晃：《戦後日本における男性同性愛への"寬容"と嫌惡》，2016年，第58页。
[2] 三橋順子：《女装と日本人》，講談社現代新書，2008年，第191页。

本普通民众的性侵犯等行为，以维护日本政府的统治秩序。该时期皇族、华族、财阀等家庭的女子被严格控制外出。然而性病的蔓延使得GHQ不得不于1946年下令废止公娼，并于1946年3月关闭R. A. A.慰安所，但由于默认私娼的存在，实际上情况并没有好转。1946年12月，日本内务省宣布在划定的区域内可以继续营业。

1948年，日本政府制定《风俗营业改正法》，该法主要是对风俗营业进行规范管理，随着这一举措的实施，社会舆论开始关注风俗营业等相关问题。为符合日本日渐复兴的经济趋势，改善国际形象，最终，日本国会于1956年5月21日通过了《卖春防止法》，规定禁止性交易，并引导卖春女子自力更生，防止卖春行为发生。《卖春防止法》于1957年4月1日起生效，但刑事处罚应提供1年的宽限期，因此1958年4月1日开始适用[1]。

这一法律的出台使得大量原来合法或半合法的娼妓失业，只能流落街头成为暗娼，被称为"潘潘"，关于这一群体的具体介绍，将在后文的案例研究中全面呈现。

第五节 案例："潘潘"女郎与查泰莱夫人的世纪互证

案例一："潘潘"群体

"潘潘"（パンパン）一词的来源模糊。有学者提出，"潘潘"一词来源于英语单词"Pom-pom girl"，最初是战争时期美军用来称呼南太平洋诸岛上的娼妓[2]。在美国大兵的印象中，这一词象征着对传统规范的蔑视以及对感官享乐的追求。日本战败后，美国占领军将"潘潘"一词带入日本，指专做美国大兵生意的站街妓女，随后成为当时日本的热门词汇。本案例将以日本战后初期超过20万人规模的"潘潘"群体为研究对象，考察其特征、形象、影响等方面。

---

1 Sarah Kovner, *Occupying Power: Sex Workers and Servicemen in Post War Japan*, Stanford, California: Stanford University Press, 2012: 129.
2 约翰·W.道尔：《拥抱战败》，胡博译，北京：生活·读书·新知三联书店，2017年，第103页。

一、"潘潘"的由来

1945年8月28日，日本东京警视厅建立了"特殊慰安设施协会"，主要招募18岁以上25岁以下的"女性事务员"，并将此工作的目的粉饰为"为国效劳"，成为"昭和时代的阿吉"[1]，并可提供衣食住的保障。截至1945年8月27日，东京共有1 360位女性被征募，大部分女性为在战争中失去父兄、陷入贫困的人，也有人宣称与获得食住保障相比，更吸引她们的是"为国献身"的召唤。翌日，她们在皇居前的广场上举行的就职仪式上，宣读了华丽的"誓词"：

> 邦家三千年，虽山容河相亘古不变，昭和二十八年八月十五日之恸哭，乃一时代之结束，为极端之悲痛与无涯之忧苦所缚，将向危险的、无尽的绝望之底沉沦。（中略）
> 时机来临，命令已下达，由于我等职域所在，作为国家战后处理的紧急设施之一端，被赋予慰安驻屯军的艰难事业。此命令重大。（中略）
> 我等敢大声直言，是为护持国体挺身而出。重申此言，以为声明[2]。

当天，数百名美国大兵抵达东京大森町的一处 R. A. A. 设施，那里既没有床和寝具，也没有单独的隔间，奸淫行为就在没有任何隐私的情况下发生，暴露了所谓美国文明的"本性"[3]。此类慰安设施在东京迅速扩张，很快就增加到了33所，并且在其他20座城市迅速蔓延开来。青少年很快学会了做皮条客赚零花钱，这一时期，"你想见见我姐姐吗"（Would you want to meet my sister?）

1　1856年在佩里船长强迫日本废除闭关锁国政策之后，日本就立即设置了为外国人服务的娱乐区。其中一位为国献身的年轻女子阿吉（已经在日本近代的神话传说中被誉为"爱国英雄"）被指派给1856年上任的第一任美国总领事汤森·哈里斯（Townsend Harris）为妾。战后日本政府继续采取牺牲本国女性的政策，1945年的卖春业者，以阿吉悲壮的形象自我标榜，宣称所招募的妇女将会成为"昭和时代的阿吉"。
2　《东京闇市兴亡史》，第200—201页。
3　神崎清《卖春·决定版神崎レポート》，第136—138页；吉见《卖娟の社会史》，第193—194页。

成为比"请给我巧克力"（Give me chocolate, please）[1]使用频率更高的英语。

R. A. A.尽管大受欢迎，但在占领开始的数月后就被废止了。由于占领军部队内部性病患者激增，1946年1月，占领军当局命令全面禁止"公营"卖淫业。先前由R. A. A.招募的妇女们被解雇了，没有得到遣散费，只得到了政府的口头褒奖，大意是她们"为国效劳"，成为日本女性"纯洁的防波堤"[2]。当然，公营卖淫制度的结束，并不意味着卖淫业本身的终结。1946年12月，内务省宣布在指定的区域内可以继续从事卖淫业，此后大约有5.5～7万名女性充当全职或兼职妓女，成了"潘潘"[3]，在咖啡店、酒吧等场所继续为美军服务。

二、"潘潘"的形象

从外在形象上而言，"潘潘"无疑走在时尚前沿，以鲜艳的口红、新潮的服饰以及曼妙的身姿，成为战后日本影像中最令人印象深刻的存在，其形象多为黑暗中斜立的身影，时常点着香烟（见图2-2）。在物资紧缺的年代里，"潘潘"华丽的外在形象吸引诸多女性纷纷效仿[4]。

"潘潘"因能够获取丰富的物质收入而被视为战后初期日本消费主义的先驱。作为美国陆军消费合作社货品的接收者，她们能获得各种食物、奢侈烟酒、巧克力与糖果，以及各类女性化妆品等，因与占领军的交往，美国陆军消费合作社的货品中有近半数通过各种途径落入"潘潘"手中，这些货品的总价值多达一亿八千五百万美元[5]。

---

1 "请给我巧克力"（Give me chocolate, please）这句话当时是很多日本街头孤儿学会的第一句英语，并高频使用，很多美军士兵会满足饥饿的孩子要糖或巧克力吃的要求。
2 《东京闇市兴亡史》，第212—216页；矶田光一《战后史的空间》，第52页。
3 吉见《卖娼の社会史》，第198页；TYKS，第85页；SSS，第223页。对卖春妇数量的保守估计，据《朝日年鉴》1947年版的数据，1946年为16 000人，第281页；神崎清《卖春・决定版神崎レポート》的统计，1948年达到38 840人，第386页。
4 约翰·W.道尔：《拥抱战败》，胡博译，北京：生活·读书·新知三联书店，2017年，第103页。
5 住本利男：《占领秘録》，東京：毎日新聞社，1952年，第70页。

图2-2 时髦的"潘潘"　　　　　图2-3 "潘潘"对日本男性同胞自尊的践踏

[图片来源：约翰·W.道尔（2017）]　　　　[图片来源：石元泰博（1953）]

"潘潘"与美国大兵同行的画面使民众在种族维度上注意到日本被占领的事实，伤害了日本的国家尊严，尤其刺痛了日本男性的自尊（见图2-3）。然而，"潘潘"又是新颖与包容的典范，在同占领军的交往中，"潘潘"以"横向"西化[1]推动者的形象被认知，成为享乐主义、物质主义、美式消费文化的先驱[2]。

因此，潘潘的形象可以总结为"时髦的代名词"与"消费主义的象征"。

三、"潘潘"的感情与婚姻

1955年，《生活》杂志刊发一篇描述占领军士兵同"专宠"女友在美国幸福生活的文章。文章描述了弗兰克与幸子成功克服"语言与狭隘种族主义障碍"的爱情故事。其中，详细描述了两人在日本相爱的过程、来自弗兰克母亲与种族主义邻居的考验，并最终在芝加哥享受幸福生活的故事[3]。

---

1 "横向"西化：日本在战败前，西化影响对国家来说是垂直渗透的，几乎都是由精英阶层引入。甚至20世纪20年代看起来像是异类的摇摆女郎文化，也只是在闲适的资产阶级圈子里大行其道，而普通人相对未受到影响。而下层的"潘潘"，则展示了一种前所未有的现象——从边缘开始的"横向"西化倾向。（约翰·W.道尔：《拥抱战败》，胡博译，北京：生活·读书·新知三联书店，2017年，第108页）。
2 约翰·W.道尔：《拥抱战败》，胡博译，北京：生活·读书·新知三联书店，2017年，第108页。
3 James Michener, *Pursuit of Happiness by a GI and a Japanese*, Life, 1955.2.21.

然而，上述嫁给美国大兵的"专宠"只是极少数的例子，大部分"专宠"并无法获取占领军士兵的真心[1]。总体来说，占领时期"专宠"同占领军的感情多以悲剧收场，绝大多数"潘潘"同"南洋姐"[2]一般，为"国家"利益奉献青春和肉身，却得不到应有的回报，更是失去了追求恋爱的权利，最后孤独终老。

四、"潘潘"转业后的生活

随着1956年《卖春防止法》出台，"潘潘"在法律上被归为非法职业，被迫大规模转业，"潘潘"这一群体退出历史舞台。

为防止卖淫行为发生，日本在各地设置了多处妇女辅导院，辅助"潘潘"实现再就业。近五分之一的"潘潘"选择了再就业，主要分为两类：① 从事较为简单的工作，或通过勤工俭学进而找到更好的工作；② 进入"土耳其浴室"[3]等更为隐蔽的风俗场所继续工作。

我们可以从两个具体事例看这一时期转业"潘潘"的具体生存情况：① H子的故事：23岁的H子在《卖春防止法》实施后，通过保护妇人会认识了某工厂长子K。最终K与H子恋爱、结婚，H子以坚强的意志与努力成了一名护士，在妇人会任助产妇[4]；② 在《如果我一人活着》中，作者百合因沉重的家庭经济负担被迫成为"潘潘"，在日本经济振兴之后，受到其弟妹的感激，而被家人照顾，得到了家人应有的感恩。

然而，上述H子和百合只是少数的幸运者，大部分"潘潘"重复了"南洋姐"的悲剧。最终只能以同乡为纽带，一同回归故乡，在周围人的歧视中抱团取暖，终老一生[5]。

---

1 Herbert Passin, *Encounter with Japan*, Tokyo: Kodansha Ltd., 1982, p. 127.
2 南洋姐：从1897—1920年，日本政府为了积累资金发展资本主义，曾大规模组织国内女性到海外从事风俗业以谋取外汇，这些女性被称为"南洋姐"。
3 "土耳其浴室"：一般指收费较高的私人浴室，浴室里配有被称为"泥垢师"的女性，负责洗浴，使得"土耳其浴室"成为新的、更隐蔽的性交易场所。
4 吉见周子：《売娼の社会史》，東京：雄山閣出版，1992年，第225—226页。
5 Sarah Kovner, *Occupying Power: Sex Workers and Servicemen in Post War Japan*, Stanford, California: Stanford University Press, 2012: 135.

五、"潘潘"的影响

(一)促使占领军转变对日认知

西方长久以来对日本女性化的认知,使得美国士兵通过同"潘潘"的接触,自然而然将战败后的日本进一步女性化了。"潘潘"成了占领军眼中的"日本形象大使",进而促使占领军对日态度由憎恶的种族敌人到重要盟友的重要转变(见图2-4)。在性别差异的框架下,日本被视作需要得到美国教导与保护的附属品,从而弱化了美国对日本的种族敌对情绪。

图2-4　美日关系:假想中的男女关系

[图片来源:约翰·W.道尔(2017)]

约翰·道尔对此评论道:"'潘潘'和'特殊慰安设施协会'的出现,连接胜利者和战败者之间无处不在的性关系,对美国人了解日本这一战败国及其人民产生了深远影响。对占领军来说,日本女性实际上只是他们的泄欲对象,因此日本作为战败国的形象也逐渐被女性化。原本一言不合就会偷袭珍珠港的险恶民族,几乎眨眼之间就变为一个白人胜利者可以强加意志于其上的百依百顺的女性胴体。"[1]

（二）混血儿与堕胎合法化

混血儿问题是战后初期日本社会的主要问题之一，其根源在于"潘潘"工作的特殊性。《星条旗报》发表了一篇文章，文章"预计有一万四千名混血婴儿将在六月诞生"[2]。由于占领当局与日本政府、民众均对混血儿采取敌视的态度，导致弃婴事件不断发生，同时，许多占领军士兵在孩子出生后选择独自回国，导致弃婴数量大幅增加。据统计，只有39%的美国士兵对他们驻日期间所生的大约5 000个孩子负责[3]。

随着混血儿数量激增，混血儿问题一时成为社会的焦点。1946年，泽田美喜创办了伊丽莎白·桑德斯孤儿院，该机构以第一位捐款者圣公会修女伊丽莎白·桑德斯命名，以庇护被遗弃的混血婴儿。日本国会于1947年通过法案，使日本成为世界上最早将堕胎合法化的国家之一。

"潘潘"贯穿占领期始终，为日本社会带来巨大影响：①"潘潘"作为占领军最熟悉的日本人，改变了占领军对日本形象的认知，进而推动了美国对日本的接纳，推动了日本的现代化进程；② 由"潘潘"导致的混血儿问题，也推动了日本合法堕胎的进程；③ 以"潘潘"为代表的"粕取文化"产生并持续繁荣至20世纪50年代，这种文化成为当时日本国内应对"虚脱状态"，保持激情与活力的重要手段。

案例二：查泰莱审判（チャタレー裁判）

"查泰莱审判"（チャタレー裁判）是围绕伊藤整全文翻译的《查泰莱夫人的情人》一书的审判案，该书大胆的描写成为社会关注问题，昭和二十五年年（1950）以淫秽书籍贩卖罪被起诉，1957年最高法院判发行者和翻译者均有罪。小说中虽有大量色情描写，但书中的内容实质上是对工业文明的批判，具有极高的文学价值。这里将在探讨该小说文学价值的基础上，对比欧

---

[1] 约翰·W.道尔：《拥抱战败》，胡博译，北京：生活·读书·新知三联书店，2017年，第54页。
[2] 傅伟栀，《美国占领时期日本"潘潘"研究》，兰州大学2021年硕士学位论文，第40页。
[3] 涩泽尚子：《美国的艺伎盟友——重新想象敌国日本》，南京：江苏人民出版社，2011年，第42页。

美的出版经历，详细探讨这一事件在日本社会的影响力。

一、《查泰莱夫人的情人》的主要内容

《查泰莱夫人的情人》（*Lady Chatterley's Lover*）是英国作家D. H. 劳伦斯（David Herbert Lawrence，1885—1930）的代表作。该小说以第一次世界大战中的英国为背景，展现了工业文明中英国人的贫乏和消沉，人们开始从性关系中寻求人性的慰藉。这里将从该小说的创作背景、主要内容、创作意图等方面分析其文学价值。

（一）创作背景

19世纪末20世纪初，英国作为最早进行工业革命的老牌资本主义国家，工业发展迅猛，国家呈现繁荣景象，然而第一次世界大战打破了日不落帝国的胜利幻想和西方世界表面的浮华；战后英国中部地区爆发煤矿工人大罢工，显示了激烈的劳工矛盾，种种社会现象质疑着工业文明的合理性，父权体制下的两性关系也值得重新思考。

D. H. 劳伦斯于1885年9月诞生于英国诺丁汉郡一个矿工之家，他身世坎坷，童年生活颇为贫困，成年后先后当过会计员、工厂职员和小学教师，在国外流浪十多年，直至客死法国异乡。身为矿工的儿子，劳伦斯有更多机会深入工人阶级底层，因而对英国的社会现实与伦理关系有着深刻的见解，在这样的经历和背景下创作了小说《查泰莱夫人的情人》。

（二）小说主要内容

小说共有三位主人公，分别是贵族克利福德·查泰莱（Clifford Chatterley）和新婚妻子康妮·查泰莱（Connie Chatterley），以及守林人梅勒斯（Mellors）。

克利福德在战争中受伤瘫痪，失去性能力，冰冷消沉的婚姻生活使康妮倍感寂寞，直至邂逅了守林人梅勒斯，梅勒斯唤醒了康妮内心的激情与活力，重新追求自然纯粹的生活。

半身不遂的克利福德，为了满足被压抑的需求，积极钻研煤炭改良技术，通过对自然的掠夺让家族传承的煤矿起死回生，从中寻求自我新生的力量。克利福德是英国上层社会自私无情的代表，是机械文明的化身，他的麻木不仁是文明对爱欲压抑到顶点的表现，也是人类精神堕落的象征。

起初在康妮看来，爱与肉是可以分离的，她在与克利福德的精神恋爱中可以获得满足。然而遇到梅勒斯后，康妮彻底消除了对男性力量的恐惧[1]。

而梅勒斯作为守林人，不甘被现实世界的法则驯服，他厌恶工业革命对人类情感的扼杀，坚定地守卫着原始生命的本能。康妮的出现使他重拾对生命的热忱。

小说中对森林的描写，展现了劳伦斯对生命自然美的推崇。在伊甸园式的小树林这一私人空间中，康妮和梅勒斯的感性被重新唤起。这时与自然相融合下的性爱不再是纯粹的生殖行为，而是彼此灵魂的交会，充满了生命的神秘与欢喜。作为守林人，梅勒斯不仅保护森林生命不受偷猎者侵害，同时也对康斯坦斯（Constance）的苦恼伸出援助之手，守护着她的纯粹和母性。在情感与性的交融之中，他们脱离了工业文明的沉闷，通过身体交融探索生命之美。

（三）创作意图

劳伦斯以独特的抒情笔调描写了性关系，呼唤了一种健康、自然的性生活，试图唤醒读者的生命本能，鼓励他们摆脱压抑的工业文明，重新回归自然与本真。

总的来说，《查泰莱夫人的情人》是一部主题严肃、内涵深刻的作品，谴责工业社会中人性趋向机械化。劳伦斯以厌恶的心情，刻画了英国贵族阶级的守旧、无为、空虚、腐朽，同时对中产阶级及劳动阶层表现出深切的同情。劳伦斯试图以两性关系来探索革命之路，恢复过度压抑的生命本能。

二、坎坷的出版经历

劳伦斯为创作这部长篇小说可谓呕心沥血，曾带病修改原作，并三易其稿，在1928年终于使《查泰莱夫人的情人》问世。

然而这部著作因涉及禁忌主题与露骨的色情描写，自出版之时起就饱受非议，劳伦斯也被抨击为"色情作家"。1928年，出版商因遭到警方威胁，而被迫将未经删节的版本送到国外。除英国外，《查泰莱夫人的情人》在欧洲各国和美国均遭到了查禁，出版商与法院之间的官司长达数年之久。现将

---

[1] D. H. 劳伦斯：《查泰莱夫人的情人》. 南京：译林出版社，2014年，第198页。

英国和美国的情况整理如表 2-3 所示：

表 2-3 《查泰莱夫人的情人》在英国和美国的出版及解禁

年份	事件
1944	美国根据劳伦斯1926年的文稿出版了该书，但被禁止发行。
1959	影片《查泰莱夫人的情人》在美国被禁止放映。
1959	《查泰莱夫人的情人》的全文未删节版在美国得以合法发行。
1960	1月，英国伦敦企鹅出版公司因出版收录了《查泰莱夫人的情人》的《劳伦斯全集》而遭到起诉；经过艰难的斗争，10月，法庭判决出版社无罪，使得该书得以发行。

（表格来源：笔者整理）

由此可见，在英国和美国，《查泰莱夫人的情人》解禁时间均为1960年左右，在英国，该小说得到广泛追捧，企鹅出版社的诉讼亦被称作"自由的分水岭，人权的里程碑"。

三、日本查泰莱审判

在日本，《查泰莱夫人的情人》于20世纪40年代由小说家伊藤整翻译为日文，由小山书店收入《劳伦斯选集》出版发行。然而，日本检察厅于1950年根据刑法第175条，宣布此书为淫秽书籍，对译者和出版商提起公诉。

审判过程中，日本警视厅特意将色情描写的部分标红，并提醒出版物风纪委员注意。与此同时，日本文学界对此书受禁表示强烈不满，共同反对这一起诉。

将查泰莱审判主要的时间线整理如表2-4所示：

一审结束后，伊藤整写了长篇报告文学《审判》，保留了公审记录及有关重要文献，但是最高法院认为自己必须承担"确保社会免于道德沦亡"为己任，实行"道德裁判"。

然而1957年3月13日的三审终审判决，最终维持原判。在终审判决中，

表 2-4　日本查泰莱审判时间线

时　　间	事　　件
1950年4月末	《查泰莱夫人的情人》由小山书店出版发行。
1950年6月27日	《查泰莱夫人的情人》在日本国内被扣押。
1950年7月8日	小山久二郎、照井彦兵衛和伊藤整三人的文件被送检。
1950年9月12日	《查泰莱夫人的情人》以"淫秽（日文"猥亵"）文书贩卖罪"被起诉。
1951年5月8日	审判《查泰莱夫人的情人》。
1952年1月17日	二审《查泰莱夫人的情人》。
1952年1月18日	法庭判决译者伊藤整无罪，出版商小山九二郎罚款25万日元。
1952年12月10日	高等法院二审判决，判定该书为淫秽书籍，译者和出版商分别罚款10万和25万日元。
1957年3月13日	最高裁判所驳回上诉。

[表格来源：笔者依据北崎契縁（1995）、中西善弘（2000）、長田博泰（2003）等资料整理]

日本最高法院还以此判例为依据，确立了日本法律上对于淫秽作品事实上的认定标准，"猥亵三要素"包括：① 无益的性兴奋或性刺激；② 会损害普通人在性方面的羞耻心；③ 违反良好的性道德观念。

查泰莱审判成为轰动一时的话题，诸多日本文艺界知名人士为此书做辩护，这场历时7年的官司，曾载入日本《文艺年鉴》，成为日本战后出版史上的一件大事。

本书认为，判断《查泰莱夫人的情人》"淫秽"与否应当首先区分艺术与色情的边界，艺术作品源自现实，并高于现实，通过夸张、渲染等手法再现人类的痛苦和欢乐；而色情作品则只是靠单纯的感官刺激满足读者的肉欲，不具有任何社会意义。《查泰莱夫人的情人》批判工业文明的冷酷沉闷，宣扬对生命力的探索，极具文学价值，与单纯描写色情的低俗作品不同，不应当被作为"淫秽"文书。

第三章

经济增长期的亲密关系变迁
（1956—1988）

第一节　社会背景

一、国际背景

这一时期，美苏冷战加剧，军备竞赛不断升级，1961年柏林墙的修筑和古巴导弹危机，标志着冷战的白热化。以美国为首的资本主义阵营和以苏联为首的社会主义阵营，各自在不同国家和地区扩展出壁垒分明的集团。

随着时代发展，抗议与反叛逐渐成为社会主流，1956年，艾伦·金斯伯格（Allen Ginsberg）的诗集《嚎叫》（Howl）虽刚一出版就遭到了美国海关和旧金山警方的查禁，但该作品激励了嬉皮士[1]（Hippie）运动，艾伦·金斯伯格也因此被称为"垮掉的一代[2]（Beat Generation）之父"，体现了这一时期年

1　"嬉皮士"（Hippie）：用来指代西方国家20世纪60至70年代反抗习俗和当时政治的年轻人，他们提倡非传统的宗教文化，批评西方国家中层阶级的价值观。（来源：https://baike.baidu.com/item/嬉皮士/1122841?fromModule=lemma_search-box，浏览时间：2024年7月10日）
2　"垮掉的一代"（Beat Generation）：第二次世界大战后风行于美国的文学流派。该流派的作家都是性格粗犷豪放、落拓不羁的男女青年，他们生活简单、不修边幅，喜穿奇装异服，厌弃工作和学业，拒绝承担任何社会义务，以浪迹天涯为乐，蔑视社会的法纪秩序，反对一切世俗陈规和垄断资本统治，抵制对外侵略和种族隔离，讨厌机器文明。他们永远寻求新的刺激，寻求绝对自由、纵欲、吸毒、沉沦，以此向体面的传统价值标准进行挑战，因此被称作垮掉的一代。（来源：https://baike.baidu.com/item/垮掉的一代/1122787?fromModule=search-result_lemma，浏览时间：2024年7月10日）

轻人的迷茫、困顿。20世纪60年代初，随着口服避孕药的应用以及其他避孕术的发展和普及，性已不再被生殖束缚，人们开始摆脱对怀孕和堕胎的恐惧，追求性的快乐，西方国家在这一时期逐渐形成一股性解放潮流。在美国，以1967年的"爱之夏"（Summer of Love）为标志，开启了声势浩大的性解放运动，"反叛"或者说"反主流"[1]成为社会主要的政治和文化特征，这一时期的许多年轻人拒绝接受传统的道德规范并提倡个人自由，其性观念和行为表现出对传统的挑战。

在此种激进的时代背景下，亲密关系的变革也在资本主义全球经济中扮演了重要角色。

20世纪80年代，艾滋病的流行给当时的同性恋者（尤其男同性恋者）带去了沉重打击。1981年，美国首次报告了艾滋病病例，随后病例迅速在同性恋群体中被发现和传播。由于最初确诊的大部分患者为男同性恋者，因此当时的新闻媒体将艾滋病宣传为一种"同性恋瘟疫"，引起了"艾滋恐慌"，一时间美国的报纸上充满了"同性恋杀手""同性恋瘟疫"等字眼。

这一时期，在"新冷战"背景下，美苏关系紧张，西方国家的政治氛围逐渐趋于保守。随着英国撒切尔和美国里根政府上台，右翼势力卷土重来，保守主义思想在社会中进一步强化。在这种政治环境下，1981年艾滋病的出现，使得民众原本就较为保守的性观念和对同性恋群体的态度发生了恶化，对同性恋群体的认同一扫而空。西方国家政府针对"堕胎和同性恋合法化"以及"色情表现审查制度的放松"等性解放运动的成果制定了相应的改革措施。

面对这一现状，1987年3月，艾滋病解放力量联盟（AIDS Coalition to Unleash Power，缩写为Act Up）成立。包括该联盟在内的各种维权组织纷纷发起呼吁与抗议，展开了一场"艾滋病危机的同性恋再教育运动"，一来对健康

---

1 "反主流文化运动"（Counter-culture Movement）：主要指对美国主流文化的反叛与背离，主体是青年，指同资本主义美国的传统的政治制度、意识形态（包括文化、道德、宗教、伦理观念）相对而言的一种文化形式，是在反主流社会文化的共同目标下，由各种力量组成的联合势力。其共同点是对传统文化采取不妥协主义。运动形式包括：新左派（New Left）、嬉皮士、奇装异服、非暴力。

性行为与防治艾滋病进行宣传，二来继续致力于消除社会大众对同性恋者的偏见，减轻其发生性行为的环境压力，力求撕除"同性恋等于艾滋病"之标签。

该时期关于性少数群体的争议不断摩擦碰撞，1988年，"LGBT"一词首次出现于美国，1990年开始成为主流的中立词汇，用来称呼女同性恋（Lesbian）、男同性恋（Gay）、双性恋（Bisexual）和跨性别者（Transgender）。

二、日本国内背景

从20世纪50年代后半叶至60年代，日本社会思潮活跃，出现了以石原慎太郎为代表的"太阳族"现象。1955年，石原慎太郎的小说《太阳的季节》为同辈青年定下了"叛逆"基调，1956年《太阳的季节》拍成电影登上银幕，使"太阳族"形成了一种独特的服饰风格。

岸信介内阁提倡"日美新时代"，从1958年10月开始着手安保条约的改订，并于1960年1月赴华盛顿签订了新安保条约。新安保条约进一步强化了美日军事同盟关系，并非真正意义上的对等条约。在当时美苏冷战的氛围中，条约中有关加强两国相互防卫的义务，激发了日本民众对再度卷入战争的恐惧，在军国主义阴影的笼罩下，导致大规模的安保斗争，这种反对情绪在1960年几次主要的动乱中达到顶峰。在安保斗争的一次游行示威活动中，东京大学学生领袖桦美智子不幸死亡，她的死亡引发了日本社会对安保斗争及岸信介政府相关政策的强烈反响。

1968年，东京大学医学部因实习制度改革引起的罢课事件的处理失当导致事件升级，之后两次出现了占领安田讲堂的事件，学生结成了东大全共斗并展开抗议，此事发展成极为深刻的社会问题，直到1969年才得以终止。学生运动转入低潮后，一些左翼青年组织结合起来，成立了"赤军"[1]。

1960年7月，岸信介内阁下台后，接替他的是池田勇人，与前内阁不同，池田内阁并不采取"与革新势力对立"的政治策略，而是提出了"宽容与忍耐"的政治标语，采取了"重经轻政"的政策，认为国民对政治的不满，一

---

1 赤军：该组织1969年从日本共产主义者同盟分离出来，1971年由重信房子与丸冈修于巴勒斯坦正式宣告成立，1974年定名为"日本赤军"，主张推翻日本皇室和日本政府，并在全世界推动革命。

定可以被经济增长的刺激所吸收，于1960年年底启动为期10年的"国民收入倍增计划"，计划在1970年把国民生产总值从398亿美元增加到720亿美元，实际上日本于1967年就完成了翻一番的目标，比原计划提前了3年，这一计划造就了日本经济高速增长的60年代，堪称日本的"黄金时代"。

这一时期，日本经济连续出现"四大景气"：① 1955—1957年的神武景气使国民所得猛增，不仅使日本经济从战后完全复兴，而且进入积极发展经济的新阶段；② 1958—1961年的岩户景气是日本经济高速增长的开始；③ 1962—1964年的奥林匹克景气使日本大大加快了交通运输网络和体育设施的建设，建设了代代木竞技场、日本武道馆、涩谷公会堂等，开通东海道新干线，建设首都高速道路等；④ 1965—1970年的伊奘诺景气是日本战后持续最长的繁荣时期。1970年3月15日～9月13日，在大阪千里丘陵，举办了日本万国博览会，主题为"人类的进步与和谐"，参加者共6 400万人次，足见这一时期日本经济繁荣的盛况。

经济高速成长带来家电产品的迅速普及，50年代后半叶，有了"三神器"的说法，即黑白电视、冰箱、洗衣机；60年代后半叶，有了"3C"的说法，即车（Car，カー）、空调（Cooler，クーラー）、彩电（Color Television，カラーテレビ），到1970年，日本电视的普及率达到了90%，日本人的日常生活有了一场消费革命。评论家大宅壮一认为"沉迷于低俗电视节目的国民变得白痴了"，因此"一亿总白痴化"[1]成为这一时期的流行语。

进入70年代，日本受"第二次尼克松冲击"[2]和"石油冲击"的影响，结束了经济的高速增长，进入经济低速增长期。1973年10月第一次石油危机爆

---

1 一亿总白痴化：日语"一億総白痴化"，由日本评论家大宅壮一提出的社会学名词。大宅壮一认为，电视不同于其他媒体，具有声音、颜色画面，容易使人沉迷其中。还有许多大众媒体利用其广告、新闻或其他节目对观众进行洗脑，灌输政治思想、偏差观念，容易使一个人"白痴化"。所以大宅壮一将此观念提出，提醒大众不要轻易受媒体影响。（https://zh.wikipedia.org/zh-cn/總白痴化，浏览时间：2025年5月9日）

2 第二次尼克松冲击：美国当地时间1971年8月15日下午9时，美国总统尼克松发表电视演说，决定对输入美国的商品课征10%的附加税，这一消息打破了以美元为中心的"布雷顿森林体制"，代表美元与黄金"脱钩"。第一次尼克松冲击则是指1971年7月15日，美国和中国同时发布的尼克松访华的消息，美国在对华关系方面，采取了越过日本、不让日本事先知道的所谓"越顶外交"。

发，油价暴涨，日本在这次危机中，加上本来就有的通货膨胀，物价疯狂上涨，一些生活必需品被抢购一空。1974年，日本经济负增长，高速经济成长按下了终止符。随后1978年爆发第二次石油危机。1985年9月"广场协议"[1]后，日元急剧升值，日本的出口产业有了一定的损失，但好的一面是进口物价变低，可以扩大内需，促进经济增长。这一时期受日元升值和两次石油危机的影响，日本经济增速稍有回落，但与同时期的其他发达国家相比仍然处于领先水平，经济政策的导向也由追求高速发展转向追求经济质量的提高。

这一时期日本社会的性观念，正是在日本经济繁荣发展的盛况下，有了更进一步的解放，亲密关系也在经济发展的刺激下，从个人性别身份认同、家庭形式、社会道德等方面催生了多种不同的形式。

第二节　个人层面：性教育的进一步影响

这一时期，性教育进一步影响个人性别身份的建构和认同及对亲密关系的看法，尤其是60年代的纯洁教育，巩固了以构建幸福圆满家庭为目标的"男主外，女主内"观念；在其后的性教育发展中，也更注重道德教育。

一、纯洁教育阶段

60年代的纯洁教育与当时的优生保育政策紧密结合，即为了培养优秀的下一代，必须依靠健全、幸福的家庭，而幸福家庭指的是男女双方因相恋而结婚，因结婚而有肉体结合，孩子在父母相亲相爱的环境中成长，"男主外，女主内"各司其职，不需要教导性教育（即在家中应避免谈论性），孩子就能自然而然地从父母的言传身教中学习"纯洁教育"。由于强调性别分工，所以女生要有女生的样子，男生要有男生的样子，并强调母性的重要性，女性的生理、心理变化是为了成为母亲这一使命而做准备。

---

[1] 广场协议（Plaza Accord）：1985年9月，在纽约广场酒店，美国、英国、法国、德国、日本（简称G5）举行会议，达成五国政府联合干预外汇市场，诱导美元对主要货币的汇率有秩序地贬值，以解决美国巨额贸易赤字问题的协议。

这一时期的纯洁教育主要基于以下几个基本理念：① 健全幸福的家庭形象；②"恋爱—结婚—性"的原理；③"性—人性—人格"的原理；④"母性"和优生思想。

（一）健全幸福的家庭形象

性学家间宫武在《纯洁指导》中指出，家庭中的纯洁教育最重要的是在于父母的性生活是否健康，在这一过程中，夫妻双方应当注意如下几点：① 婚姻生活圆满，夫妻关系良好；② 互相尊重理解，各自扮演好各自的角色，履行相应的义务；③ 避免让孩子看见性行为；④ 经常反思自己的言行，以免给孩子造成不良影响[1]。天野利武就家庭纯洁教育提出三点建议：① 基于男女平等的观念建立和美的夫妻关系；② 夫妻之间的爱情表现应该有较高的品位，在家庭内保持节度；③ 建立健康的性观念，保持性卫生[2]。

（二）"恋爱—结婚—性"的原理

"纯洁教育"倡导恋爱必须与结婚相联系，最终才能保持纯洁，性行为必须以结婚为前提，婚前性行为和婚外性行为都是不道德的、不纯洁的，即"恋爱—结婚—性"的原理。达到这样的纯洁必须同时具备三种条件，即心理条件、生理条件、社会条件：① 心理条件：男女之间应在相互理解、相互爱慕的基础上建立正确的性观念，应视性结合为男女之间最深层的、最有道德意义的结合，不应把肉体纯洁与精神纯洁分割开来；② 生理条件：对自己和异性的身体应当有美好认识；③ 社会条件：男女在结婚前应当保持纯洁的状态，为结婚做好充分准备。

（三）"性—人性—人格"的原理

纯洁教育认为"性"与"人性的本质"密切相关，必须把它作为"人格之中的性"去把握。总结来说，"性—人性—人格"的原理共有三个特征：① 人性不同于动物：虽然人的性与动物的性一样具有共同的生物性，但人的性在生物性的基础上，具有更深层次的社会化含义[3]；② 节制与道德：为了良好人格的形成，男孩应当避免自慰，女孩则应当洁身自好，保持纯洁；

1　间宫武：《純潔指導》.東京.日本文化科学社.1954年，第108页。
2　天野利武：《純潔教育的指導》.民主教育协会.1962年，第4—5页。
3　天野利武、前田嘉明：《純潔教育のあり方》.民族教育会.1962年第13—18页。

③ 男女平等：在家庭中，应当实现基于性别分工之上的人格平等，间宫武认为父亲应当扮演训练者的角色，培养孩子社会化技能，而母亲则应当体现缓冲器的作用，使孩子在家庭中得到足够的关爱。只有发挥父母双方的作用，才能成功培养人格健全的孩子[1]。

（四）"母性"与优生思想

20世纪60年代以后，母性教育成为小学高年级纯洁教育的主要内容之一，主要内容为教导女生如何为月经初潮做好生理和心理准备。1963年，中央儿童福利审议会提出与保育有关的七个原则，强调母亲是儿童保育最合适的人选。

除强调"母性"外，优生思想也体现在纯洁教育中。民族优生以及男女道德的确立，是纯洁教育的目标之一。间宫武认为，养育优秀的子女是幸福家庭的条件之一，理想的父母应保证身体健康和没有遗传疾病，以确保"人种的改良与受胎调节"，保证子孙后代的质量[2]。

为了彻底贯彻实施纯洁教育，不断树立良好的家庭形象，政府出台了一系列家庭政策，1965年《所期待的人的形象》中提出了良好家庭形象的三个要点：① 家庭首先是爱的场所，为了健全的养育，爱情必须经受住考验；② 家庭是提供健康愉悦和休息的场所，使人保持活力；③ 家庭是教育的场所，能够为儿童提供正确的教育。1967年，家庭生活问题审议会答申《为了明天的家庭生活》中认为，家庭的功能主要有如下三点：① 养育新生命、塑造儿童人格；② 维持家庭成员健康，保持充分活力；③ 缓解压力，使珍贵的人性恢复、统一与安定。

从战后至70年代初，纯洁教育从最初的教学大纲设计，到宣传两性人格平等与保持纯洁，再到共建幸福家庭，进而造福社会，是十分富有生机的，并为后来日本性教育的发展打下了坚实的基础。

二、性教育阶段

60年代的经济高速增长使日本的家庭结构发生了变化。1970年，夫妇与

---

1 间宫武：《純潔指導》. 東京. 日本文化科学社.1954年，第303页。
2 间宫武：《純潔指導》. 東京. 日本文化科学社.1954年，第303页。

子女构成的核心家庭增加到46.1%，家庭成员从1955年的4.97人减少到1970年的3.69人。随着核心家庭和小家庭化的推进，女性就业者增多，这一趋势与纯洁教育的家庭理念相反，围绕儿童成长和老人看护等问题不断深刻。同时，日本青少年性意识发生了很大变化，所谓的"恋爱—结婚—性"原理在青少年中逐渐失去影响力，"爱情—性"原理取而代之，年轻世代感染性病、堕胎比例不断攀升。进入20世纪70年代后，日本妇女解放运动高涨，开始对男女在性上的双重标准提出质疑，强调女性也可以跟男性一样享有自由的"性"，"纯洁"的概念开始受到批判，日本性教育进入性指导阶段，即指导学生既懂得性科学知识，又懂得生命的可贵。1972年，文部省社会教育局妇人课第60号裁定"纯洁教育与性教育的关系"中说明"性教育"与"纯洁教育"的意思一样之后，"纯洁教育"渐渐由"性教育"取代并沿用至今。同年，日本成立性教育协会，不断推动学校性教育。

进入20世纪80年代后，日本青少年问题严重。1982年6月，一名初中女生在新宿某歌舞厅被杀害，性教育显得尤为必要。该时期日本性教育的目标是：引导青少年树立男女平等的异性观，使自己的行为符合社会道德规范，形成高尚的人格。把性道德教育放在第一位，性科学教育是第二位的。将该时期性教育发展的重要时间线整理如表3-1所示：

表3-1　日本经济增长期性教育年表（1956—1988）

时　间	事　件
1959年3月	文部省社会教育局出版面向青少年的读物：改订版的《男女の交際と礼儀》与《性と純潔—美しい青春のために—》。
1961年3月	文部省社会教育局出版面向母亲的读物：《思春期までの子どもの指導—母親のよい理解のもとに—》。
1961年7月	"純潔教育分科審議会"由于政府法令正式被废除。
1962年3月	文部省社会教育局出版面向青年的读物：《男性と女性—若い人々のために—》。
1964年3月	文部省社会教育局出版成人教育读物《性についての正しい考え方　青少年の性に関する問題》。

（续　表）

时　间	事　件
1965年10月	宇都宫市教育委员会举办"全国純潔教育研究集会"。
1966年7月	"関西純潔教育研究懇話会"设立，次年4月改称为"関西純潔教育研究会"。
1967年3月	文部省社会教育局作成《社会教育における純潔教育の概況》。
1970年8月	"関西純潔教育研究会"改称为"日本性教育研究会"。
1972年2月	财团法人"日本性教育協会"成立。
1972年3月	关于"纯洁教育与性教育之间的关系"，文部省社会教育局长发表了"纯洁教育与性教育是同义语"的见解。
1974年11月	日本性教育协会受总理府委托，以全国12都市的高中生、大学生为对象，实施"青少年性行为调查"。
1979年1月	文部省初等中等教育局出版《生徒の問題行動に関する基礎資料—中学校・高等学校編》，并对"性犯罪"（性非行）进行了解释。
1981年12月	"全国性教育研究団体連絡協議会"结成。
1982年4月	"人間と性"教育研究協議会设立。
1984年4月	"日本性教育研究会"改称为"日本性教育学会"。
1986年3月	文部省初等中等教育局制定《生徒指導における性に関する指導—中学校・高等学校編》。

（表格来源：笔者整理）

由此可见，该时期个人层面的性别身份认同及对亲密关系的看法受纯洁教育的影响较深，"男主外，女主内"，"恋爱—结婚—性"，在亲密关系中应当礼貌、节制，提倡家庭圆满、母性和优生思想等，均体现了该时期日本社会性别二元的固化以及与战后初期相比形成了更加稳固的"核心家庭"观念。

第三节　家庭层面：晚婚及"男主外，女主内"模式

这一时期日本社会盛行自由恋爱、爱情至上的择偶观，同时，随着经济高速增长的结束，逐渐开始出现晚婚化及不婚化的趋势。在男女性别分工方

面，50—70年代是"男主外，女主内"模式的强化阶段，70—90年代是"男主外，女主内"模式的松动阶段。

一、自由恋爱、晚婚显现

1959年4月，皇太子明仁与美智子成婚，打破了皇室以往的惯例，成为轰动一时的新闻。皇太子妃美智子被年轻人热烈追捧，引发了"美智子热"。皇室成员能够通过自由恋爱成婚，充分体现了这一时期自由恋爱的择偶观已经深入人心。1973年，内阁府进行的有关妇女意识的调查中，对于"你是打算自己找结婚对象还是希望别人介绍？"这一问题，65%的女性都表示一定要自己找对象，只有11%的女性希望通过别人介绍[1]。

到了20世纪80年代后期，"三高"（收入、身高、学历三方面均高）成为年轻女性择偶的普遍标准。这一现象出现于1986年开始的"平成景气"时期，即泡沫经济最鼎盛时期，人们生活富裕，不断追求更高的物质生活水平。经历了70年代初的经济增速放缓，到80年代后期经济重新回暖，使得女性在这一时期在择偶观方面格外注重经济条件。

80年代后，人们对结婚必要性的看法也发生了很大变化。一项针对全国20岁以上男性女性关于结婚看法的调查结果显示，1972年时，认为"还是结婚为好"的男性女性均超过了80%，但80年代后半这种观念开始转变，到了1990年，回答"结婚或不结婚都可以"的男性女性均达到了半数以上[2]。

综上所述，自70年代起，随着经济增速的放缓，以及物质生活的不断充实，家庭内男性与女性间的经济依附关系逐渐减弱，日本社会的未婚率不断上升，尤其是进入80年代后，未婚率更是急剧上升，平均初婚年龄也不断增加。

二、男女性别分工

（一）20世纪50—70年代："男主外，女主内"模式的强化

50年代中期，日本经济在进入高速经济增长期之前，存在大量以农业和

---

[1] 张萍：《日本的婚姻与家庭》，北京：中国妇女出版社，1984年，第73页。
[2] 内阁府：《厚生白書（平成8年版）》，1996年。

工商业为中心的个体营业者，往往以家庭为单位共同工作，女性需在家庭经济中贡献力量，因此该时期女性就业率很高。据统计，50年代中期，有工作的人中约有60%的人是自营职业者或家庭雇员。进入经济高速增长期后，日本的产业结构从以第一产业为中心向第二产业和第三产业转变，由此带来了就业结构的变化，许多农业或个体工商户家庭转变为工薪阶层家庭。同时，企业为了保证劳动力质量，按照"终身雇佣制"将男性雇员作为正式员工对待，而女性雇员则往往会受到歧视甚至不公平对待。在这样的背景下，妻子回归家庭在当时日本社会被认为是理所当然的观念。

由于经济的高速增长，这一时期普通上班族男性的收入已足以养活一整个家庭，使得原本只存在于高收入阶层的"专职主妇"开始逐渐在工薪阶层中出现。根据劳动经济学家居神浩的分析，日本男性收入具备支撑家庭生活的条件始于60年代末[1]，即60年代末起，日本经济已具备"丈夫负责工作，妻子负责家庭"这一角色分工的条件，专职主妇的数量由1955年的517万人剧增到1970年的903万人[2]。因此，50—70年代成为日本家庭"男主外，女主内"的稳定时期，"男主外，女主内"模式虽能使日本家庭关系处于相对稳定的状态，但却在很大程度上限制了女性的自我发展。

（二）70—90年代："男主外，女主内"模式的松动

进入20世纪70年代后，日本经济高速增长结束，工薪阶层家庭中男性收入的增长速度变缓，同时，随着物质生活的不断丰富以及生活质量的稳步提升，用于子女教育及娱乐的开支不断增加，使得家庭中仅凭男性一人的收入显得稍有不足，女性渐渐开始走出家庭，走向职场，或者开始兼职或打工，这一时期女性参与工作的条件主要有以下几个方面：① 第三产业发展迅速，而女性往往更善于从事服务性行业，因此女性就业机会大大增加；② 经济发展带来家电产品的普及，减轻了女性的家务负担，将女性从家务负担中解脱出来；③ 随着设施、功能齐全的托儿所数量增多，加之低生育率影响下的子

---

[1] 居神浩:《家計構造からみた性別役割分業：経済の高度成長と日本型家族システムの確立》玉井金五・久本憲夫編《高度成長のなかの社会政策》，ミネルヴァ書房，2004年，第133—154頁。
[2] 内閣府:《平成七年国民生活白書》，1995年。

女数量减少，使得女性得以从育儿的束缚中脱身等。在这样的背景下，原本在家庭中专心养育孩子和做家务的专职主妇开始有余力参与工作，或进行兼职或打工，以补贴养育费等家庭开支。

到了1986年，随着《男女雇佣机会均等法》的制定，使得女性雇佣条件进一步改善，传统"男主外，女主内"模式出现松动。根据调查，对于"男人负责工作，女人负责家庭"这一观点，在1987—1990年仅仅3年的时间里，女性对这种想法表示不认同的比例从31.9%急速增加到43.2%，男性从20.2%急速增加到34.0%。这表明关于男女分工的想法正在发生变化。70—90年代，"男主外，女主内"模式逐渐松动。

第四节 社会层面：对出版物及性产业的管制

一、经济高速增长与多元亚文化

20世纪60年代，日本经济处于高速增长期，为了满足移居城市的学生和单身劳动者的性需求，出现了丰富多彩的色情文化及性产业，出现了桃色电影、真实故事周刊、夜总会等新形式的色情消费方式和文化。

从1970年开始，"色情"エロス一词开始逐渐为日本民众熟知，其词根来自希腊时代讽刺娼妓的涂鸦，然而在日本，这个词却在70年代才逐渐兴起并被广泛接受。1970年9月，美国1967年色情电影解禁的新闻传到日本，因经营萎靡陷入绝境的日活电影公司抓住此机遇，宣布将色情电影作为新的发展方向，创造了"日活浪漫色情片"。进而在1971年3月，联邦德国电影《痴迷》公映，电影以"色欲迷情"ポルノ&エロス为副标题，取得了轰动性的效果。到了1971年下半年，男性杂志开始频繁使用"色情"一词。

"色情"一词的广泛传播使得20世纪70年代日本的色情文化变得更加普遍和激进。许多街上出现了成人电影院和情人旅馆等，书店里也出现了众多满载裸体的凹版印刷杂志，体育新闻和报纸上充斥着奇特的风俗产业广告，电视上连夜播放女性的内衣和裸体。"色情""羞耻""狂热"成为这一时期的流行语。

到了20世纪80年代，随着"塑封本"、"袋物"、AV、No Pants咖啡店、时尚按摩店、电话俱乐部[1]等的出现，"色情"成为真正的大众文化。到了昭和末期的80年代末，"色情"几乎满大街都是，渗透到日本男性的日常。

这一时期色情文化的发展和普及，与相关技术的发展密不可分：印刷技术的改进使得"塑封本"等色情杂志大量印刷；VTR、VHS等录像技术的发明则能够使得AV批量生产。

随着色情经济的发展，日本政府也加强了对色情的抵制，这一时期也正是对"猥亵"不断进行讨论和定义的时期，其中最有名的事件为大岛渚《感官世界》审判。

二、《卖春防止法》的制定与实施

1956年，随着《卖春防止法》的制定，大批娼妓失业。1958年4月1日《卖春防止法》正式实施，公开卖淫活动在日本历史上第一次被正式禁止，主要包含7大类风俗业：① 夜总会等备有舞台、舞厅，可以让顾客跳舞且有女招待助兴的酒馆；② 待合、料理店、咖啡厅等提供客人及艺妓游乐的席位并提供酒食的店；③ 夜总会等有女性陪同的夜间社交俱乐部；④ 舞厅等以交际为目的收费歌舞/娱乐场所；⑤ 咖啡店、酒吧等客座光照度在10勒克司[2]以下的场所；⑥ 咖啡店、酒吧等比较隐蔽且客房面积在5 m²以下的场所；⑦ 麻将屋、弹球屋等可供顾客赌博的场所。

与1948年的风俗业管制相比，被禁止的风俗店种类由3种扩大到7种，使得失业人数达1.5万人（不包括许多未登记的妓女），原因是政府认为风俗业的存在增加了青少年犯罪的概率[3]。

1984年，修订并推行新《风俗营业改正法》（以下简称《风营法》）。首

---

1 电话俱乐部：日文"テレクラ"，是和制外来语"Telephone+Club"的缩写。俱乐部男会员在设有电话的单间里，与打来电话的女性交谈的俱乐部。
2 勒克司：光照度的SI单位。在1 m²的面积上，1流明的光通量均匀分布时表面的照度为1勒克司。
3 太田健二：《日本におけるダンス文化規制の歴史》，2019年，第339页。

先,《风营法》对风俗产业做了细致分类；其次,《风营法》大幅度提高了对风俗业者的要求，包括营业时间等，根据新法律规定，此类营业时间不能超过晚上12点。

第五节 案例：影像亲密性与舞台性别操演的昭和演绎

案例一：大岛渚电影中所体现的亲密关系

一、大岛渚及其作品

日本"新浪潮"[1]代表人物大岛渚为日本电影作出了巨大贡献。按照日本国立电影资料馆[2]对日本电影史的介绍，可将日本电影史划分为如下八个阶段：① 电影前史（1910年以前）；② 无声电影的黄金时代（20世纪20年代）；③ 有声电影革命（20世纪30年代）；④ 战时的日本电影（20世纪30年代中后期—1945）；⑤ 第二次世界大战后的黄金时代（1945～20世纪50年代）；⑥ 日本电影新浪潮（20世纪60年代—1980）；⑦ 世纪末日本电影（1980—2000）；⑧ 当下电影（2000年至今）。大岛渚的创作期跨越了日本电影史中二战后黄金时代、新浪潮时代、世纪末日本电影三个时期，其作品和所在的时间段如图3-1所示：

作为日本新浪潮的领军人物，旨在打破日本旧有电影拍摄理念的大岛渚，最早将关注的视角瞄准了处于战后迷惘期的青年群体。这些青年有的参加了轰轰烈烈的左翼反对运动（参见《日本的夜与雾》），有的沦为小偷、罪犯等

---

1 "新浪潮"：电影"新浪潮运动"兴起于1958年的法国。当时安德烈·巴赞主编的《电影手册》聚集了一批青年编辑，如克洛德·夏布罗尔、特吕弗、戈达尔等，总共有50余人。他们深受萨特的存在主义哲学思潮影响，提出"主观的现实主义"口号，反对过去影片中的"僵化状态"，强调拍摄具有导演"个人风格"的影片，又被称为"电影手册派"或"作者电影"。他们拍的影片可以描绘现代都市人的处境、心理、爱情与性关系，与传统影片的不同之处在于充满了主观性与抒情性。这类影片强调生活气息，采用实景拍摄，主张即兴创作；影片大多没有完整的故事情节；表现手法也比较多变。
2 日本国立电影资料馆（日语"国立映画アーカイブ"）网址：https://www.nfaj.go.jp，浏览时间：2024年8月9日。

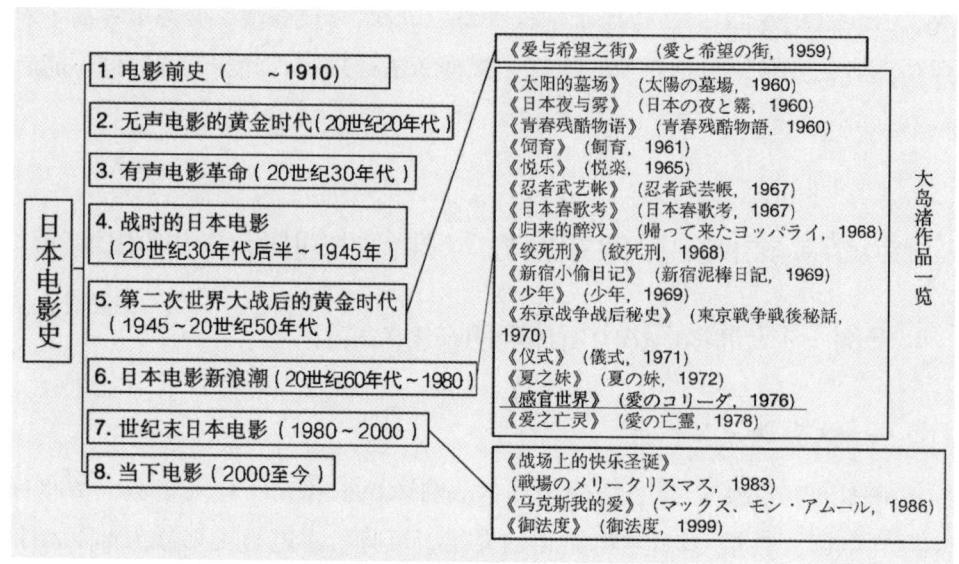

图 3-1　大岛渚电影作品及创作阶段

[图片来源：笔者依据日本国立电影资料馆相关资料及范冰杰（2011）等资料整理]

社会边缘人群（参见《新宿小偷日记》）。从1960年的《青春残酷物语》开始，直至1999年的《御法度》，性的主题始终贯穿着大岛渚的故事片。其中，"占有欲""性暴露""仪式感""同性之爱""后现代性"是最主要的特征。

本部分将选取大岛渚20世纪60年代的代表性作品《青春残酷物语》（1960）、《太阳的墓场》（1960）、《日本的夜与雾》（1960）、《日本春歌考》（1967）、《被迫情死的日本之夏》（1967）、《绞死刑》（1968）、《新宿小偷日记》（1969），从大岛渚的镜头语言进行"身体与空间"分析，从中窥见20世纪60年代这一动荡年代中日本人的精神样貌及对亲密关系的看法。还将详细解读70年代有名的《感官世界》审判这一事件，展现日本该时期对色情表现的审判和争议。

二、20世纪60年代大岛渚电影中的青年群体

二战后，美苏冷战、两极格局的形成催生出60年代世界范围内一股风起云涌的动乱，如美国和西欧的学生运动、东欧的工人示威运动和罢

工[1]等，这一时期世界各国因为不同的政治状况出现各种抗争运动，如针对美国越战、种族议题，以及"斯大林主义"[2]（Stalinism）等所引发的学生运动。同样在日本，经历了二战后的衰败与复兴，跟随60年代的世界历史洪流，也出现了象征特殊且反叛精神的"左翼狂潮"，这与当时日本正处于一段学生运动史有关，即安保斗争[3]。

电影学家齐格弗里德·克拉考尔（Siegfried Kracauer）在《从卡里加利到希特勒：德国电影心理史》中曾提道："一旦发生剧烈的政治变革，某些集体习性便会积攒动量。政治体制的瓦解导致心理系统的崩溃，在随之而来的骚乱中，传统的内部心态获得松绑，无论是遭遇反对或是得到认可，它们必定会引人注目。"[4]正是新旧思想的碰撞催生了一系列文艺作品，其中电影是最主要的形式。同样地，受安保斗争影响，60年代的日本电影在内容上涉及了前所未有的社会问题，并且尖锐而深刻地将矛头直指当时政府，包括涉外关系的处理；60年代的日本被认为是经济高速发展的时代，人们看上去开始享受着物质丰富的社会，然而在思想上，年轻人却有着极为深刻的精神饥饿感，同时对亲密关系也充斥着痛苦和茫然，并在这一时期的电影中得以体现。

就在此时，法国电影界出现了一批被称为"新浪潮"的电影导演，并引起了日本诸多年轻剧作家和导演的共鸣，进而催生了"日本新浪潮"[5]。作为"日本新浪潮"的先驱者，大岛渚不断突破日本传统电影的框架。这一时期，日本进入经济高速发展的时代，人们的物质生活得到极大满足，然而大岛渚

1　András Bálint Kovács. *Screening Modernism: European Art Cinema, 1950–1980*. University Of Chicago Press, 350.
2　"斯大林主义"，是一种高度集中的政治、经济体制，主要是通过社会主义国家通过广泛的政治宣传手段，建立一种以某一领导人为中心的个人崇拜政治氛围，用以维持政府对人民的政治引导。（总结自英文维基百科Stalinism词条，https://en.wikipedia.org/wiki/Stalinism，浏览时间：2024年1月5日。）
3　1960年1月19日，日美两国签署新《日美安保条约》，大大增加了日本卷入美苏战争的危险性。自日美开始修约谈判起，日本国民掀起了战后最大规模的社会运动，也被视为日本革新（左派）与保守（右派）的斗争。（引自百度百科，https://baike.baidu.com/item/安保斗争/6564949?fr=ge_ala，浏览时间：2024年11月16日）
4　（德）齐格弗里德·克拉考尔：《从卡里加利到希特勒：德国电影心理史》，黎静译. 上海：上海人民出版社，2008年，第8页。
5　佐藤忠男：《大岛渚的世界》，北京：中国电影出版社，1981年，第28页。

却能够发现人们精神深处的痛苦，挖掘着社会幸福表象背后的暗流涌动，关注着人们在现实世界与精神世界之中的丑恶，并通过电影的方式展现给观众。大岛渚电影的鲜明特色即是身体影像不受叙事所限，逐渐从内部景框延伸到画外，展现出开放性叙事空间的特质。这里将探讨大岛渚如何借由"身体—空间"，来反思60年代日本社会的政治性。

（一）大岛渚电影中的社会思潮映射

进入20世纪50年代后期，由于战后经济复苏，日本人的生活水平逐渐提高，社会矛盾也得到相应的缓解，支持工运及学运的人数也在下跌（徐靖，2021），但1960年1月《日美新安保条约》的签订再度激化了社会矛盾。大岛渚认为安保斗争是既有反体制派的合体，影响层面扩及全体国民[1]，因此其在该时期的电影也在此政治背景下展开。1960年，大岛渚接连推出三部作品：《青春残酷物语》（1960年6月3日上映）、《太阳的墓场》（1960年8月9日上映）、《日本的夜与雾》（1960年10月9日上映），这三部作品均展现出大岛渚作为电影导演对社会面貌和人们精神状态的洞察力，也是日本新浪潮电影早期的重要代表作品，对日本新浪潮电影的发展产生了重要影响。《青春残酷物语》围绕大学生藤井清和高中生新庄真琴之间的恋爱展开，体现了该时期年轻人的颓废、茫然和暴躁。片中真琴、真琴的姐姐、父亲分别代表了三代普通人的形象，大岛渚通过影像对三代人所遭受的种种挫折进行了犀利的描述。父亲因为战败失去事业，变成一个精神失常的人，对现实问题一律采取回避态度；姐姐在战争结束时正值青春时期，心中燃起革命的热望和恋爱的热情，但是经不起政治反动的刺激，最终沉溺于颓废之中；真琴是高中生，与男友藤井清只按照自己的欲望和冲动行事，但当发现自己错了的时候，人生却已经被毁灭了[2]。《太阳的墓场》同样以日本人民反抗《日美新安保条约》的斗争为背景，影片以大阪贫民街釜崎为舞台，描写了流氓团伙中狐朋狗党之间相互争吵与武斗的事件。虽然这部影片与政治没有直接关系，但在其精神方面包含着1960年安保斗争的兴奋与挫折，并且公开的政治性暴动在未发

1　大島渚.《大島渚1960》.東京.青土社.1993年，第35页.
2　岩崎永日：《日本电影史》，北京：中国电影出版社，1981年，第344页.

生之际就被制止，随后个人的非政治性小规模暴动渗透着整个社会。在《太阳的墓场》中，人与人之间不存在明显的善恶界限，几乎每个人都在互相伤害别人，都有卑劣恶心之处。大岛渚在影片中营造出一种悲观沉痛的氛围，给这种颠覆性暴力举动蒙上一层伤感的阴影，这显然出自导演自己学运被压制的沉痛回忆和对当时社会运动的悲观态度。从开篇到结尾，电影淋漓尽致地展现了日本底层人民为了生存而挣扎的样貌，青少年沉沦于暴力，成年人则靠卖血维生。他们既不了解安保条约，也不关心何谓共产主义，他们是被彻底抛弃的一群人，自然也就根本看不到这个国家的未来。游行示威所想要争取的无非是日本在美国控制下的自由，但是这种革命行为最后却演变为一发不可收拾的暴力行为，年轻人打打杀杀，黑帮盛行，种种不正常的事件层出不穷，整个国家千疮百孔，所谓"太阳的墓场"，即暗示着"日出之国"日本所要面临的悲惨结局。《日本的夜与雾》同样是一部针对当时国家政治局势赶拍上映的影片，利用松竹公司的资金优势，将学生反对日美安全保障条约的游行、示威及内部争论过程搬上银幕。在影片中，故事开始于一个婚礼宴会，新郎野泽曾是学生运动中的领导者，现已成为一名记者；而新娘玲子尚在学校读书，是学生运动中的主导者之一，野泽和玲子的许多同学都参加了婚宴。出席的宾客分别回忆了1952年、1953年、1960年等几个年代发生的政治性事件与自己的关系，以此来进行意识形态的解释和斗争。在这一过程中，前卫党的背叛、友人的失踪、自杀、过往的秘而不宣……长镜头的大量运用和对白的着力凸显使这部影片具有"影像论文"式的独特风格。在1961年《电影旬报》的一篇名为《镜头是什么》的文章中，大岛渚说："我的最新作品《日本的夜与雾》只有43个镜头，这就是原则上所说的一个场景一个镜头。"这种尊重现实时间、空间的手法在当时的日本影坛还是极为少见的，但对于营造纪实效果、对学运进行全景而真实的观察，却是极有成效的。影片只上映了四天，就发生了右翼少年刺杀日本社会党委员长的政治事件。松竹公司迫于政治和经济（影片票房不如人意）压力，将影片停映。停映几个月以后，大岛渚与一批松竹同事集体退出公司，自组创造社。总体来讲，《日本的夜与雾》是一部高度政治性辩论剧，通过人物关系和语言体现出对安保斗争的系统性思考。

时隔六年后，大岛渚在1967年的两部电影《日本春歌考》与《被迫情死的日本之夏》中，进一步将这一时期青年的茫然和挣扎展现得淋漓尽致。日本春歌被某些评论家认为是启蒙民众、歌唱幻想、摆脱痛苦生活的象征。而《日本春歌考》中的春歌和放纵欲望的相关情节，还带着战后民主主义思想的残余，而新一代年轻人的反抗方式则遵从着个人欲望的规则，并带着无政府主义的色彩。同美国嬉皮运动一样，日本年轻人也以"性"为武器，向保守前辈进行攻击，春歌就是其中一种手段。然而，也正如现实生活中，这种盲目的反抗并不能导致实质性的社会改变一样，影片结尾的一段超现实主义的强奸场景道出了这一代年轻人彷徨虚幻的心态。在《被迫情死的日本之夏》中，大岛渚将武器、暴虐等死循环式的悲剧展现在了世人的面前，将日本民族文化中的那种凡事过度追求极致、极限、极端而最终无法自拔的颠覆性心理，描摹得淋漓尽致。

1969年的《新宿小偷日记》进一步展现了该时期新宿一代年轻人混乱、荒淫的生活样貌，该影片的主要出场人物是那些以新宿为主要根据地开展先锋艺术活动的狂妄自负的艺术家们。对这些艺术家们来说，所谓演戏，不能满足于在像画框那样的舞台上为静坐的观众表演，而要唤起像祭祀那样的兴奋，把人们从日常机械性的毫无朝气的事务中解脱出来（佐藤忠男，1987）。

总体而言，60年代大岛渚的代表作：《青春残酷物语》（1960）、《太阳的墓场》（1960）、《日本夜与雾》（1960）、《日本春歌考》（1967）、《被迫情死的日本之夏》（1967）、《绞死刑》（1968）、《新宿小偷日记》（1969），均能体现安保斗争对日本社会思潮的影响以及这一代年轻人所受到的精神挤压，并能从中反映出这一时期青年对亲密关系的迷茫和困顿，在这一过程中有诸多极端的表现和举动。

（二）大岛渚电影中的亲密关系

福柯指出，我们这个社会的一大统治基础就是就是对身体的规训，通过监视、规训、惩罚、教导，对身体培养适合现代生产与生活的良好习惯。现代社会的一切蛛丝马迹，都或深或浅地镌刻在了我们私人的肉体之上。而在电影中，身体的表现则更能体现社会氛围对身体的规训，同样也包含对亲密关系的规训。在大岛渚的影片中，身体不仅象征个人的主体性，同时也通过亲密关系中的激烈冲突，指向对现实的社会、体制问题的反应，呈现出一种反体制身体。

大岛渚在拍摄《青春残酷物语》《日本夜与雾》《日本春歌考》中，曾有使左翼分子受尽屈辱和挫败，直至死亡的情节设计；通过展现性犯罪者以及玩世不恭的学生们的形象，透过他们放浪形骸的身体行动讽刺日本战后民主主义与左翼运动斗士，同时也非常切合实际地展现了这一时期日本社会青年的精神面貌。

例如在《青春残酷物语》中，大岛渚通过"反体制身体"刻画了亲密关系中焦躁、不安的气氛，这种气氛的写作恰如其分地描写了那一时代青年的整体心理状态。例如电影中曾被多次分析的一个场景：阿清亲吻真琴被拒绝后将她推入水中，并极力阻挠她上来，直到真琴筋疲力尽无力挣扎，阿清才将她抱起，并强行与她发生关系，之后阿清与真琴进行了交谈：

　　真琴：你这样不讨厌吗？
　　阿清：我有些不高兴，不过这不完全是因为你。
　　真琴：那是为什么？
　　阿清：没什么，就是有些不高兴罢了，不为什么。

在这段由激烈到平和的状态展示中，我们可以感受到阿清内心的烦躁。据说此话意味着战后进步派运动遭到一番挫折，年轻人无论怎样掀起社会改革热潮，社会体制仍是稳定的，毫不动摇，为此年轻人烦躁、苦闷，在拍摄这部影片的时候，正好遇到韩国学生要求总统李承晚辞职的学生运动，大岛渚在描写风俗的情节中巧妙地插入了这段政治风暴，因此这种烦躁也可以说是学生运动受挫以来大岛渚自身无力感的具像化。

又如阿清在堕胎后熟睡的真琴身旁，面对门外真琴姐姐及医生的讥讽，在黑暗中连皮带核啃苹果的长时间凝视镜头，给人留下丰富的联想空间和不可磨灭的深刻印象。阿清一直将整个苹果啃完，摄影机视线很低，始终以一个镜头拍完阿清怄气、泪水汪汪的神色。这一镜头虽说没什么具体意义，但此片采取与增村保造派的奔放、跳跃性强截然不同的主张自我影片风格，强调青春期心中的黯然、烦躁。

在大岛渚的影片中，通过身体遭受的生理折磨体现出对时局的反思，种种超乎常理、情感、时空所限的身体，透过反主流意识的现代性身体，体现其中所蕴藏的政治性暗语。德勒兹在《电影 II：电影、身体与大脑、思维》（Cinema, Body and Brain, Thought）中认为在电影提供一个身体的命题下，有两种极端，一种为日常性（Everydayness）身体态度和姿态，属于时间—影像的范围，另一种为思维—电影—身体的连结，属于一种仪式（Ceremony）的身体。德勒兹认为在这两种极端之间，重点并非差异而是介于两种身体影像之间的关系，从态度或姿态通往"姿势行动"。而"姿势行动"的观念是布莱希特将其视为剧场本质而创生的，其不再能够被化约为情节或"主题"：对他而言，尽管他认可其他的姿势行动，但姿势行动主要是属于社会性。在 60 年代中期后，大岛渚的身体的姿势行动显然是朝往布莱希特所要求的，姿势行动必须是社会与政治性的。大岛渚的反体制身体，首先就从身体的姿势行动表现出学生运动中的身体；再者，透过身体与符码的颠覆性重叠，显现出政治性身体态度。

大岛渚电影中的亲密关系可以从乔治·巴塔耶（Georges Bataille）所谈的色情主义去探讨。在大岛渚的电影中，身体的现代性往往通过色情显现，尤其是暴力—色情—死亡的影像。对乔治·巴塔耶而言，色情是一项需严肃以待的议题，在《色情》一书中，巴塔耶从人类劳动史与宗教史角度切入，并且透过禁忌与逾越的相互辩证试图建构出色情理论。巴塔耶将色情分为以下三种：肉体色情、心的色情、神圣色情，目的在于"以深厚的连贯感取代个人孤独的不连贯"，在本质上肉体情色指出"色情的场域就是暴力的场域、侵犯的场域"，在大岛渚的影片如《青春残酷物语》《日本春歌考》《新宿小偷日记》及《感官世界》等多部影片，皆展露出肉体色情、暴力与死亡的关系。而正如巴塔耶论述到"所有色情作用的原则在于破坏参与者在正常生活中的封闭结构"，大岛渚影片中的亲密关系通过色情以挑战日常身体行动，破坏循规蹈矩的社会生活模式，因为"色情总是意味着既成模式的瓦解"，巴塔耶也解释"模式"是指"我们这些个别、不连贯秩序所组成的、有规则的社会生活模式"，同时也与现实学生运动有关。例如《青春残酷物语》中，安保斗争如火如荼地进行时，男女主角却轻浮地径自谈论着有关性爱的议题。又如在《被迫情死的日本之夏》中，大岛渚选择了在无所事事中发现人生意义的青年人作为主人公，其中就包含一名代表20世纪60年代中后期经常聚集在东京新宿车站的"嬉皮族"[1]疯癫女性，彻底表现性解放的自由主张。其中一幕为她在正经严谨的抗议队伍中，以放荡、卑俗的举止游走其中，且满口轻浮的话语，种种无法预料的姿势行动，毁坏了严肃的交战气氛，在反越战的政治时空背景下，使得年轻人的浮躁、愤懑更加强烈。

又如在《日本春歌考》中，考生中村在为老师大竹守灵的夜晚，踢倒火炉，唱起春歌，在这部影片中，在这种场合的春歌，即是通过性的刺激期待着新生命的降生。中村不是对大竹个人，而是对大竹所代表的战后民主主义者直觉上的反感。因为旧生命会自然消亡，所以等其自然消亡后，期待着新生命的降生。这对中村来说，就是不把大竹从事故中拯救出来的原因所在，也是以春歌送葬大竹的原因所在。《日本春歌考》中的考生中村，在大竹老师战后思想的教育下仍得不到拯救，因此他旁观大竹死于事故，并唱着春歌，希望与春歌相符的自己生命再生。

此片中的性爱也是露骨的性场面和对话，不断地出现在银幕上，但这并非让观众感情注入，而是让观众嘲笑、为难和困惑。例如在《新宿小偷日记》中，有关性的各种挑逗性画面及其观念交错出现，但丝毫没有美好的氛围，冈上岛男和铃木梅子都显示出扫兴的样子，这就是观念先行而现实跟不上。有关性的妄想，也许通过书籍、电影得到了解放，但实际上，亲密关系越来越观念化、理想化。

在大岛渚电影中，20世纪60年代中后期的亲密关系表现，被一种反叙事、反日常性完全覆盖，包括《日本春歌考》中的超现实性爱场域幻想，幻想叙事中被四个主人公性侵的少女，吊诡地主动接受被他们侵犯；还有在

---

[1] 大岛渚在《被迫殉情的日本之夏》（1967）里启用的女主角，是真的在街头游荡的"嬉皮族"（フーテン（futen）族）。当时大岛渚注意到嬉皮族大流行的问题，便找到当中一名素人樱井启子，甚至就用她当女主角。"フーテン"在日语的解释是指疯癫、游手好闲，无固定居所四处游荡的人。大致是指日本在1967年时，聚集在新宿车站的青少年貌似"嬉皮族"，并无特定主张，行为跋扈，但意志上是萎靡的。（引自《大岛渚1968》，第134—135页。）

《被迫殉情的日本之夏》中凸显女性对于情欲的主动追求；抑或《新宿小偷日记》让情欲与日本"反艺术表演"结合，让无秩序的身体彻底解放……上述亲密关系表现，伴随冷酷、无情感、反日常性与反叙事思维进行，体现了这一时期青年人对亲密关系的迷失茫然和粗暴追求。

从世界史观而言，20世纪60年代并未出现如第一、第二次世界大战那样毁灭性的战争，然而思想上却牵动出一股前所未见的反叛思潮，影响层面从政治性波及电影，大岛渚紧依时代脉动，将电影的画面、情境、身体表现缠绕于时政之中。日本Switch杂志在2010年出版的大岛渚特辑中，在《今、同じ空気を吸い込んで》中有如下解释："大岛的电影，时常以'时代性'切入，将当时的社会问题、事件导入，在影片中强烈地把人们的愤怒和热情纳入，就像是进行着一个'运动'。实际上，如《日本的夜与雾》和《感官世界》，他的电影本身就在新闻事件中。"[1]在大岛渚电影中，无法被隐藏的正是一股对抗时代性的批判精神和那反主流电影的革命意识，通过矛盾又混淆的亲密关系，或乍然跃入的一段街头抗议的混乱影像，展现这一时期日本青年的迷茫和对亲密关系的矛盾态度。

三、大岛渚《感官世界》审判（《愛のコリーダ》裁判）

《感官世界》为大岛渚1976年导演的影片，其简介与故事原型为：从前做妓女后从良的阿部定有着完美的身材、光滑的皮肤，她来到一家小酒馆做杂工，无意间偷窥到老板和老板娘的性行为，被火热的场面深深吸引的阿部定逐渐燃起了内心的原始欲望。在一次与叫花子的冲突中，阿部定终于使老板阿吉注意到了自己，阿吉被阿部定的美貌深深吸引，不久，两人发生了性关系，并陷入了疯狂的爱恋。在阿部定的要求下，两人私奔到旅馆，并沉溺于无休无止的性爱和亲密关系中。随着时间的推移，阿部定对阿吉的占有欲越来越强烈。为了完全占有阿吉，防止他与其他女人有染，在性交过程中，阿部定勒死了阿吉，并割下了他的生殖器。该电影根据真实故事改编。

这部电影体现了大岛渚对于"第二性"这一刻板印象的批判，某种程度

---

[1] 坂本亜理.《今、同じ空気を吸い込んで》,《Switch》, 2010（2）: 30—33。

来说，阿部定是传统性爱中男性的角色，阿吉则反而成为被动的女性角色，大岛渚通过影像中的亲密关系表达了男女平等的观念。同时，《感官世界》中融入了日本传统文化中的许多精华，例如阿部定与吉藏两人亲密关系的展现，既有对于情感和欲望的热烈表达的一面，同时身着和服的阿部定身上又有一种传统女性的古典之美，为影片增添了历史的厚重感，同时也能窥见大岛渚导演独特的审美设计和画面构思。《感官世界》表现了大岛渚本人对江户时代自由的性风俗的肯定，同时也表达了他对明治时期以后国家对性文化进行取缔的批判。

然而，这一电影却因为"画面淫秽"，从1979至1982年，进行了长达3年的审判。在审判中，共有12页照片和13本书的文件，其中包括《感官世界》拍摄时和拍摄后的照片和场景，检方总结称该书为淫秽出版物，但判决书独立审查了剧本部分和绘图部分，否认该书为淫秽出版物。1982年3月4日，大岛渚在法庭上为自己进行辩护时曾说："淫秽这种东西，只存在于一心要取缔淫秽的警察和检察官，或者与这些警察和检察官志同道合的人们的意念里。在这个世界上，根本就没有淫秽……"[1]

案例二：宝冢歌剧团男役形象分析

日本宝冢歌剧团从1914年成军以来，以"阖家欢乐"的高度娱乐性以及独特的"男役"[2]舞台美学积累了近3 000部演出。在创立之初主要演出日本观众耳熟能详的传统剧目，1927年引入法式Revue[3]，开始出现"男役""階梯""銀橋"[4]等宝冢专有名词。50年代后大量引入西方百老汇经典，并同时

---

[1] 日本朝日新闻社2000年10月6日出版，总第4103号，第4页。
[2] "男役"：宝冢歌剧团于20世纪20年代因为引进法式讽刺轻歌剧"Revue"，女演员穿着男士燕尾服跳着西方舞蹈的扮相蔚为风行，出现"男役"一词，意为在宝冢歌剧团里扮演男角的演员。
[3] Revue：是指19世纪法国所流行的讽刺歌舞剧；1907年传到美国，出现了齐格飞歌舞秀，以美女、华服、大制作举世闻名；1927年岸田长弥至欧洲旅游，将这一形式导入宝冢歌剧团，创造出日本史上第一部西式歌舞秀《Mon Paris》。
[4] 銀橋：是指在宝冢大剧场以及东京宝冢大剧场，横跨在观众席与舞池之间的延伸舞台。总长120厘米，呈现弧状连接主舞台，除了用于凸显戏剧效果外，在歌舞秀时，也能让观众感受到明星近在眼前的感觉。银桥首次使用于1931年白井铁造的 Rose Paris。

积极引入跨媒体剧作，例如改编受欢迎的影视作品，或是漫画等。70年代由《凡尔赛玫瑰》开启新世代，"明星主演制度"开始确定下来。90年后在全球化影响之下，宝冢歌剧团作为大型的商业剧团，不断尝试新的题材，希望通过取材的多元来吸引观众，此时引进他国制作成熟的音乐剧并酌情改编是一大特色，例如《罗密欧与朱丽叶》《了不起的盖茨比》等。

宝冢歌剧团目前有花、月、雪、星、宙5组加上专科，所有公演皆是各组分别进行，不仅戏剧和歌舞秀的演出内容相异，也可感受到各组不同的魅力。各组皆有一对Top组合，分别是"男役"和"娘役"[1]。

从清一色未婚女子演员到观众，形成独特的少女文化，舞台演绎童话故事般的剧情，能使观众短暂脱离现实生活。宝冢歌剧团曾短暂出现过男性成员，但在剧团风格统整以及观众期待下，确定"全女性军团"[2]形式。而关于"少女文化"形成，下村阳子在《明治・大正期の少女雑誌による教育の意味するもの》提到明治二十年（1887）"少女"概念在相关杂志发行之下确立，而在明治三十年（1897）起，"少女"概念在新的社会阶层中出现，这与日本实施新的教育制度有关，社会赋予少女的意义是"接受良好教育的未婚年轻女子"，她们接受西化教育，但教育目标是成为"贤妻良母"。而宝冢创立者小林一三则将宝冢歌舞剧的座右铭定为"清纯、正直、美丽"（"清し、正し、美し"），即是希望未来学校的毕业生能走进家庭，成为贤妻良母。

1974年，宝冢歌剧团首度将著名的少女漫画《凡尔赛玫瑰》改编成音乐剧，创造了一波宝冢热潮，首席明星制逐渐被确立。这里将围绕《凡尔赛玫瑰》，分析宝冢男役形象。

一、宝冢歌剧《凡尔赛玫瑰》

池田理代子原作的《凡尔赛玫瑰》以动乱的法国大革命时期为背景，描述法国皇帝路易十六王后玛丽・安托瓦内特与瑞典贵族费尔逊以及架空人物——女近卫队长奥斯卡与他的平民恋人安德烈之间的爱情。1974年8月29

---

[1] 宝冢官网的剧团介绍：https://kageki.hankyu.co.jp/chinese/troupe/index.html，浏览时间：2024年8月12日。

[2] 袴田麻祐子：《ジャンル確立と閉塞の力学：創成期宝塚の"少女文化"化》，第83页。

日，月组出演当日获得观众的一致好评，连原作的粉丝都认为出乎意料的好[1]。《凡尔赛玫瑰》的成功刮起了一阵宝冢凡尔赛玫瑰热潮，翌年立即进行再演，入场票一开卖即售罄，甚至吸引粉丝彻夜排队，媒体甚至用"关西异常"来形容盛况（王俞文，2018）。接着连续三年，《凡尔赛玫瑰》依照各组首席的特质，被改编成各个版本，塑造出所谓"凡尔赛玫瑰四大天王"的安奈淳、榛名由梨、汀夏子与凤兰[2]。这一热潮也渗透到了其他领域，剧中主题曲《正因为有爱》《白玫瑰一般的人啊》也因在电视上长时间播放，成为街知巷闻的流行金曲。

依据日本戏剧学界对宝冢歌剧团百余年演出剧目的爬梳，可将宝冢歌剧团的演出题材依据时代分期如表3-2所示：

表 3-2　宝冢歌剧团分期（依据剧目类型）

时　期	分　类	年　份	代 表 作 品
第一时期	国民新剧时期	1914—1927	《桃太郎》、《不倒翁》、《竹取物语》
第二时期	西式歌舞秀黄金时期	1927—1938	《我的巴黎》（1927）、《Parisette》（1930）、《花诗集》（1933）
第三时期	战时军国主义时期	1938—1945	《军国女学生》（1938）、《日本的女性》（1938）、《爱国大学生》（1939）、《航空日本》（1940）
第四时期	百老汇翻译剧与歌舞秀新风潮时期	1967—1974	《奥克拉荷马》（1967）、西城故事（1968）、《Nova Basa Nova》（1971）
第五时期	凡尔赛玫瑰时期	1974—20世纪90年代	《凡尔赛玫瑰》（1974）、《战地钟声》（1978）、《飘》（1984）

1　朝日新闻出版（编集），2014年，第190页。
2　王俞文：《宝冢歌剧团〈伊丽莎白〉跨文化改编研究》，台湾艺术大学2018年硕士学位论文，第51页。

（续　表）

时　期	分　类	年　份	代表作品
第六时期	欧陆大型音乐剧风潮时期	1995—2010	《伊丽莎白》（1995）、《罗密欧与朱丽叶》（2010）
第七时期	百家争鸣跨领域新题材时期	2010年至今	《太王四神记》（2010）、《瞒天过海》（2012）、《仁医》（2012）、《银河英雄传》（2012）、《战国basara》（2013）、《High&Low》（2022）

[表格来源：笔者依据宝冢剧团官网、程皖瑄（2016）等资料整理]

由此可见，1974年的《凡尔赛玫瑰》是宝冢戏剧发展历史中的转折点，不仅将深陷财务危机的宝冢歌剧团拯救出来，同时也开创了新的表演形式。此剧是以法国大革命为背景的漫画《凡尔赛玫瑰》，特别的是漫画中的人物造型清一色大眼睛、长睫毛、长波浪，作者是不折不扣的日本人，此部漫画传递的"自由""平等""博爱"，特别是性别平等的概念，成为作品独特的内在核心（见图3-2）。70年代的日本正处于日本女性运动的热潮，这部剧作使得日本女性观众深深被打动。对于宝冢观众而言，此时的"西洋"，不再是"奇异""奇幻"的，而是象征"自由"的精神，同时主角奥斯卡在戏中女扮男装，而宝冢演员平时则是在舞台上女扮男装，这样性别错位的设计，是宝冢剧目独特的吸引力之一。

当时的导演植田绅尔请来了当时著名的歌舞伎演员长谷川一夫加入导演队伍，为宝冢男役设计独特的样式美。长谷川一夫完

图3-2　《凡尔赛玫瑰》演出海报

（图片来源：宝冢官网https://kageki.hankyu.co.jp，浏览时间：2024年8月12日）

全发挥了身为歌舞伎演员的专业,将眼神的使用方式、走路与跑步的姿态、坐姿、站姿与跪姿等仔细地传授给演员们,再度提高男役的完成度,舞台方面完整呈现出池田理代子笔下所描绘的华丽洛可可风建筑与服装。剧中的奥斯卡虽为女性,从小却被当成男性抚养成人,这样的过程正好与宝冢男役的心路历程相符合。这里以水夏希为例分析其男役角色,将其演员身份如表3-3所示:

表3-3 "水夏希"的演员身份名称

本名	增田千佳	入团前,原生家庭赐予之本名
艺名	水夏希	入团后,在宝冢人生中使用之艺名,于秀里面所使用的角色名
爱称	Mizu、みず、ちか	宝冢生徒间,粉丝所称与之昵称
角色名	奥斯卡	剧中的名称

[表格来源:笔者依据宝冢剧团官网、王俞文(2018)等资料整理]

由上表可看出,同一个演员身上,拥有四种角色:① 尚未入团的自己,她有属于自己原生家庭的名字和个性;② 入团后,拥有艺名的自己,宝冢歌剧团经年累月去观察、尝试,将自己塑造成心目中"舞台上"最理想的自己,也最常被展现在观众面前;③ 以第二种自己来演绎剧中角色;④ 舞台下拥有昵称的自己,这也是她们心目中展现给支持自己的粉丝所看到的面貌,而这个面貌也同时展现在相关的访谈上。如此特殊的身份认同,也造就了宝冢歌剧团表演方式的独特性。

宝冢歌剧团在推出《凡尔赛玫瑰》时,会考量主角本身的特质,选择演出奥斯卡与安德烈版或是玛丽安东尼与费尔逊版,"凉风真世小姐本身的气质演出女儿身的奥斯卡搭配天海佑希小姐扮演的安德烈,可以达到平衡感觉,若主演是天海佑希小姐,可能就不适合饰演奥斯卡了"。

宝冢歌剧团导演小池修一郎在访问时提出:"宝冢'男役'在出演戏剧中的男性角色时,该角色的行动样式塑造,并非来自真实世界的人,是帅气的、架空的。宝冢'男役'以艺名所塑造出男性气质，我认为这与一般的男性演员所演出的角色有180度不同。当水夏希在演绎奥斯卡的时候，观众共有的意识并非是那个演员在演绎奥斯卡，而是，身为名叫水夏希的这名演员在演绎奥斯卡"[1]。

二、"男役"形象分析

宝冢"男役"往往身材颀长，五官立体，中性风格中糅入了女性的阴柔和男性的霸气，但整体来看在中性的基础上更偏女性气质，美艳的同时又具有十足的英气，是异性恋女性粉丝心目中的完美恋爱对象。在舞台上演绎的角色也充满着十足的梦幻色彩，能够满足女性观众对爱情的憧憬和幻想，女性观众容易将自身投射在这样的情境中，获得心灵的呵护与解放。宝冢男役往往下了舞台也是一贯的中性打扮，同样的帅气洒脱，气场十足，甚至有粉丝认为宝冢"男役"下了舞台在现实生活中更富有魅力。笔者曾有幸到东京宝冢剧场观看过两场演出（2022年10月4日月组公演《グレート・ギャツビー》、2022年10月26日宙组公演《High&Low》），观察到诸多等待演职人员上下班的粉丝，不管等多久都只为见心仪的演员一面，由此可见，日本的父权制造就一大批渴望通过宝冢戏剧满足恋爱幻想的女性观众。

宝冢的生徒们在入学后，会根据身高、气质、形象、音色与自身偏好来选择要扮演"男役"还是"娘役"。天野道映（2015）认为，宝冢"男役"在某种程度上说，已经超越了男性女性二元性别体制，属于被完美包装的"第三性人"。但笔者认为宝冢"男役"本质上并不属于"第三性人"，而是将舞台上的"性别操演"作为一种职责，但生理性别依然为女性，同时也会有不同的性取向。

在先天生理性别条件的限制下，宝冢"男役"于舞台上表演时，会通过一系列辅助工具、装扮对自己的身体进行适当"修正"，例如使用垫肩增加肩宽，穿增高鞋垫使身材更加修长挺拔等。前星组"男役"TOP[2]日向薰在采

---

[1] 青土社，2001年，第119页。
[2] TOP：宝冢"男役TOP"和"娘役TOP"均是每组实力最强且人气最高的。

访中曾说到"穿着高跟的鞋子或者靴子跳舞，身上捆着热且厚重的垫肩、布团，同时需要抱着可能比自己还要重的娘役转圈，这可以说是'男役'的三大试炼"。日本近畿大学名誉教授大越アイコ提出，"男役"的帅气并不完全建立在她们的男装衣着上，"男役"这个行当本身是从生理男性的模仿与观察开始发展，再加上现实中，生理男性无法达到的映象所发挥出来的，比起生理男性建构更多的"男性中的男性"形象[1]。

英国导演金·隆吉诺托（Kim Longinitto）于1993年拍摄的纪录片 *Dream Girls*，以社会学角度记录了90年代宝冢歌剧团附属音乐学校学生的生活纪实、演员访谈、排练实况等，成为分析剧团成员组成、观众粉丝背景的重要参考。NHK针对宝冢一百年制作的《宝塚TOP百年伝説》也提供了大量珍贵的信息，这些影像从局外人的观点分析甚至是批判宝冢歌剧团，*Dream Girls* 将宝冢歌剧团描绘成一个父权至上的微型社会，对照日本女性地位，在剧团里，男役的地位比娘役更高，接受访问的娘役表示："娘役必须支持男役"，镜头特意捕捉到娘役讲这句话时的娇羞，解释成传统女性形象在全女性剧团被强调以及被复制，但若以美学上的角度来看，娘役必须呈现女性特质的精髓并非来自父权的压榨，这样的观点有其争议性。

宝冢歌剧团于1918年设立了专属学校，当时为提升剧团形象，小林一三不断对外宣传，舞台上的表演者真实身份是"生徒"（即学生）而非"女演员"（旧时日本社会认为女演员地位低下），当演员被赋予"生徒"身份，开始受到外界尊重，而"生徒"努力的形象延续至退团那天。《宝塚TOP百年伝説》侧面记录五组首席对于身为TOP所面临的压力与使命，而观众对于角色的期待，也是主演们常常需要思考的问题。

宝冢男役在台上台下都身穿笔挺的西装或庄重端正的燕尾服，以此来塑造高贵、优雅、绅士、梦幻的男性形象，正如夏洛特·维瑟尔（Charlotte Suthrell）在 *Unzipping Gender: Sex, Cross-dressing and Culture* 一书中提到，服装是建构自我形象归属的重要因素，即服装承载了社会赋予的一些文化含义，

---

[1] 大越アイコ，第247页。转引自王俞文《宝冢歌剧团〈伊丽莎白〉跨文化改编研究》，2018年，第62页。

成为体现"男性气质"或"女性气质"的标杆。

宝冢的舞台表演实际上提供了一种范式,即证实了朱迪斯·巴特勒(Judith Butler)的"性别操演理论"(Gender Performativity),即性别不是天生的,而是通过社会文化环境逐渐形塑的,社会性别并不是生理性别的自然衍生结果,而可以通过"表演"的方式展现。

那么,从观众的视角来看,为何宝冢歌剧团的粉丝大多为异性恋女性而较少有男性呢?马维尔提出了一种男性获得快感的观看模式,即"观众迷恋于同类男性形象,通过这个男性来控制并占有故事世界中的女性"[1],即男性观众可以通过认同男演员,而将自己代入男演员的角色中,从而满足对女性角色的占有欲和控制欲,然而宝冢"男役"身上的女性气质使得男性观众无法成功将自己代入角色,认为宝冢"男役"是"不完整的男性",无法获得相应的"身份认同",这来源于长期社会文化实践中形成的性别二元体制和父权社会对女性的掌控。

宝冢的"男役"形象充分说明,女性并不是女性气质的固有继承者,男性气质也不是男性的特权,性别是流动的,可以通过"操演"在不同的客体身上实现。然而,即便如此,宝冢歌剧团内始终是"男役中心制"的,"男役"角色的扮演始终没能跳出男女二元的框架,将女性特质的发展局限在非男即女的两性框架内,实质上仍然是对"性别二元制"的一种巩固。

1　Laura Mulvey : Visual Pleasure and Narrative Cinema. Screen. 1975(3): 6–18.

第四章

经济低迷期的性观念变迁（1989年至今）

第一节 社会背景

一、国际背景

20世纪末，世界正经历着前所未有的大变局，继东欧剧变、苏联解体后，两极格局瓦解，美国成为世界唯一的超级大国，同时，西欧走向联合，1993年欧盟成立，世界由此形成一超多强的多极化格局。进入21世纪，世界进入风险社会，9·11事件、2008年世界金融危机的发生使未来充满不确定性。同样在日本，经历了1992年的泡沫经济后，经济持续低迷，1995年1月阪神大地震发生，死亡人数超过六千人；同年3月，奥姆真理教制造了地铁沙林毒气事件，2011年3·11地震的发生等，都意味着第二现代社会面临诸多问题。同时，酷儿/性少数群体的解放也成为这一时期的趋势，性关系方面，也出现了"后现代性恋"以及"开放关系"（Polyamorous）等前所未有的新形式。

90年代，女性主义运动和同性恋解放运动往往采取较为极端的方式，催生了"性的分离主义"（Sexual Separatism），不仅追求身份的认同和独立，也强调地理空间上的权利。性少数群体对人们的歧视加以戏谑反讽，创造了"酷儿"[1]（Queer）等词汇，1990年3月，"酷儿国度"（Queer Nation）在纽约建

---

[1] "酷儿"：是英语"Queer"一词的音译，最初用以描述一系列负面的、低级的性欲现象，有"异常的、行为古怪的"的意思，长期以来一直被用作贬损同性恋者的形容词，20世纪90年代开始被性少数群体利用，起到"反讽"的作用。

立，打出了极具争议的口号"我讨厌异性恋"（I hate Straights），也因此诞生了"酷儿理论"，试图解构"异性恋霸权"。"酷儿理论"的代表性思想家有米歇尔·福柯、朱迪斯·巴特勒以及伊芙·科索夫斯基·塞吉维克等人，他们共同奠定了酷儿理论的理论基础。酷儿理论发展至今，已经形成了打破一切"边界"（Boundaries）的特点。

进入20世纪末尤其是21世纪后，随着互联网技术的发展，开始出现跨时空的网络性爱（Cybersex），同时仿真机器人也深受男性喜爱。机器人文化学者戴维·利瓦伊（David Levy）在《与机器人的爱与性》（Love+Sex with Robots，2008）中提出一种观点，认为人类对动物之爱是对机器人爱恋的移情基础。利瓦伊在其另一本著作《机器人无限公司——虚拟年代的生活》（Robot Unlimited-Life in a Virtual Age，2006）中引述Jon Katz的分析，认为未来的机器人将大有市场，或许能在一定程度上解决现实中的亲密关系问题。他还提出一种设想，如果积极开发机器人市场，可能会降低性病的传播，或许未婚先孕、嫖妓等问题也可以得到缓解。当机器人的仿真度逐步提升，便逐渐能够满足消费者的欲望，同样在日本，也出现了"空气娃娃""人形玩偶"等，作为满足性幻想的替代或补偿式消费品。

二、日本国内背景

日本于1989年正式进入平成时代，随着"泡沫经济"的崩溃[1]和"55年体制"的终结，日本经济持续不景气，进入了"失去的十年"，甚至"失去的二十年""失去的三十年"。泡沫经济破灭留下了两个后遗症：① 金融机构相继背负不良债权，陷入经营危机，"终身雇用制""年功序列制"被打破，非正式雇佣员工比例提高，同时公司裁员导致失业率增高；② 在泡沫经济时期购入房产作为住宅的房主们，因为赚不到足以保证支付每月房贷的收入，有不少房主最后只能卖掉房子。2011年3月11日，东日本大地震，地震直接造

---

1 日本"泡沫经济崩溃"：日本泡沫经济在1991年前后开始走向崩溃，1991年11月22日经济企划厅提出的月例经济报告显示"经济增长的速度将缓慢下降"，1992年2月25日，日本政府发表的2月份月例经济报告承认日本经济出现了衰退，标志着泡沫经济的崩溃已较为明显地被官方确认。

成人员伤亡和经济损失,还发生核泄漏事故,给受灾民众的生活带来很大影响,贸易收支赤字问题突出。即使后续"安倍经济学"推出一系列宽松货币政策等,也未能使日本经济好转。

同时,这一时期日本政治始终处于不稳定状态,很多情况甚至可以用混乱、迷茫来形容。"55年体制"终结,实行小选举区比例代表并立制[1],在最初阶段,这一选举制度获得了广泛好评,认为实行小选区制度能够充分反映民意,后来随着政治劣化,人们对这一制度的批判增多,主要缺陷总结如下:① 在比例代表制度的当选人中,出现了"凑人头"的现象;② 在小选举区制度下,不同候选人之间比拼的更多是"扫街"式的竞选,而不再是更高层次的政治理论上的对立;③ 在小选举区败选的候选人转而通过比例代表"复活",其当选资格本身存疑;④ 在候选人中,有挑选不同选举区的情况出现,选举本身与所在地区之间的联结被弱化;⑤ 政治高层对于候选人的决定权变强,权力结构变得不利于人才选拔;⑥ 小政党实质上逐渐失去舞台,难以推选出国会议员(小熊英二,2019)。这一时期出现了很多昙花一现的首相和几乎一年换一次的内阁,从竹下登到安倍晋三,一共17位首相。

日本在这一时期进入第二现代社会,同70年代的西方社会一样,出现了诸多社会问题,风险和不确定因素增多,存在少子高龄化日益严峻、贫富差距不断加大、地方社会衰退等问题,并出现了诸多青少年犯罪以及特异性犯罪事件,低欲望社会等问题。

(一)日益严峻的少子高龄化

当总和生育率长期低于维持人口稳定发展的人口更替水平2.1,即被称为少子化。自20世纪80年代中期开始,日本的总和生育率呈下降趋势,平成元年的1989年跌破1.57,被称为"1.57冲击"。2005年,总和生育率更是降至1.26,再次跌破历史记录[2]。2006年以后,总和生育率虽有稍许改善,2012

---

[1] 1996年日本众议员大选中,首次实行小选举区比例代表并立制,选出总共500个众议院议席(其中,小选区选出300席,比例代表选出200席)。
[2] e-Stat "統計で見る日本"、https://www.e-stat.go.jp/dbview?sid=0003214662(浏览时间:2019年4月28日)。

年以后基本维持在1.4上下的水准[1]，但距安倍政府制定的将总和生育率提升至1.8的目标尚有较大差距。

2008年，日本的人口总量在达到巅峰后开始转向减少。2016年国内新生儿数量仅为97.7万人，首次跌破100万人[2]。2017年新生婴儿数量又比上一年减少了3.6万人，成为人口统计实施以来的最低值。

与此同时，日本自70年代进入老龄化社会后，老龄化现象日益严峻。截至2017年10月，老龄化率高达27.7%。65岁及以上的老年人口男女分别为1 526万人和1 989万人，其中，65～74岁的低龄老人有1 767万人，75岁以上高龄老人有1 748万人[3]，大城市圈的老龄化现象尤为显著。2017年，河合雅司的《未来的年表》一书出版。该书的封面上醒目地印着这样几排字：2020年，有一半的女性超过50岁；2024年，全体国民三人中有一人65岁以上；2027年，输血用的血液不足；2033年，三户住宅中就有一户为空置；2039年，火葬场不足；2040年，一半的自治体消亡；2042年，迎来老年人口的峰值[4]。

（二）贫富差距不断加大

平成时代，虽然中产阶层占主体的社会结构未发生根本改变，但"中上"富裕阶层增加的同时，"中下"和"下"的贫困层也在增加。社会呈现基尼系数升高、贫富差距拉大的趋势。1998年，"中流崩溃"的话题被广泛议论。2006年，"差距社会"当选年度新语、流行语，"贫困"这一沉寂多年的词语卷土重来，"儿童的贫困""女性的贫困""单亲家庭的贫困""老年人的贫困"一度成为媒体的热门话题。2008年被称为"儿童贫困元年"，2012年日本儿童的贫困率高达16.3%，即每六个儿童中有一个是贫困儿童[5]，单亲母子家庭的贫困率更是占到一半。单身女性的贫困率也较显著，平均每三个单身

---

1 厚生労働省"第5表母の年齢、出生順位別にみた合計特殊出生率"、https://www.mhlw.go.jp/toukei/saikin/hw/jinkou/kakutei17/dl/09_h5.pdf（浏览时间：2019年4月28日）。
2 日本最早进行人口统计是在1899年，这一年的人口出生数为1 386 981人。日本人口出生数的顶峰时期是1949年，达到2 696 638人。
3 "平成30年版高齢社会白書"，https://www8.cao.go.jp/kourei/whitepaper/w-2018/html/gaiyou/s1_1.html（浏览时间：2019年2月15日）。
4 河合雅司：《未来の年表》，讲谈社，2017年。
5 内閣府：《子供・若者白書》（2015年版），https://www8.cao.go.jp/youth/whitepaper/h27honpen/pdf_index.html（浏览时间：2019年1月14日）。

女性中就有一人陷入贫困。贫困女性多为离异女性、老年女性和未婚母亲。另外，1997—2007年间，日本人每小时的工资水平不但没有上升，反而下降了9%[1]，收入减少加剧了低收入群体的生活困难。

平成时代多次提高消费税率也对低收入家庭，特别是经济基础脆弱的单亲母子家庭产生较大影响。1989年4月竹下登政府初次设立了3%的消费税，1997年4月桥本龙太郎政府将其提升为5%，2014年4月安倍晋三政府将其提升为8%，2019年10月提升至10%。近几年，"安倍经济学"产生了一定效果，日本的经济状况有所好转，就业机会增多，完全失业率降低，但非正式就业依然呈现扩大化趋势。由此可见，曾以"一亿总中流""收入均等"为傲的日本社会正在下降为机会和结果均不平等的"差距社会"和"下流社会"。

（三）地方社会衰退

平成时期，"地方衰退""地方不振""地方创生"等地方社会的话题被广为议论，这与日本人口问题有着密切的联系。平成时代，地方的年轻人口不断向东京、大阪和名古屋等几个大城市集中，导致大城市人口与地方人口向过密与过疏两极化发展，地域差距不断扩大。据内阁府的调查表明，2010年度人均收入的全国平均线为287万日元，收入最高的是东京都，高达431万日元，收入最低的是冲绳县，仅为203万日元，两者相差1.1倍[2]。另外，首都圈、关西圈、中京圈等大城市圈的普通大学、短期大学、专科学校林立，高等教育发达，也吸引来不少地方年轻人。2010—2017年东京圈净迁入人口中，15～29岁的年轻人占多半，且迁入契机多为大学入学和毕业后在东京圈就职。

地方社会的衰退表现在：少子高龄化现象突出、劳动力不足、农林水产业衰退、社会缺乏活力、城市空心化现象严重等。

（四）青少年问题严重

从20世纪90年代末到21世纪初，日本进行了一系列的教育改革，包括彻底修改学习指导大纲、削减学习内容和上课时间、全面实行每周上课五日制度等的"宽松教育"。这一时期出现了年轻人在礼貌和干劲方面表现欠佳，

---

[1] "賃金水准世界に劣後"，《日本経済新聞》，2019年3月19日。
[2] 日本統計協会：《統計で見る日本2014》，2014年，第162页。

青少年犯罪率上升，年轻一代对一些曾经无争议的事物感到疑惑等情况，部分犯罪案例的犯罪理由竟是"想杀个人看看"。

一些不被贫困等社会问题困扰的中产家庭子女们，因受到多媒体产品和大众消费文化等的影响，更容易迷失在虚拟世界之中，除青少年犯罪外，盛行于90年代的"援助交际"以及持续至今的"校园霸凌"也是比较严重的问题。同时随着人生自由度的增加，年轻人对自己身份认同的探索在25岁之前尚未完成，出现了"青春期长期化"现象。不稳定因素与风险意识的增强，致使抑郁症患者增多。

（五）低欲望社会

平成时代的社会环境和家庭环境，具备了一个人即便没有欲望，只选择待在家中也能够生活的条件。"闭门不出"[1]的现象变得越来越普遍。新一代年轻人没有欲望、没有梦想、没有干劲，不炒房、不炒股、不结婚、不买奢侈品，宅男宅女越来越多，并盛行"草食系男子""肉食系女子"[2]之类的说法（见表4-1）。日本由平成时期开始进入第二现代社会，到了21世纪10年代，各种问题开始凸显，造就了一大批"低欲望""无干劲"的年轻人。御宅，单身，性冷淡，形成了自我循环。

表4-1 平成时期不同年龄段"闭门不出"的表现

儿童/青少年	不上学、孤独症
青年	御宅族、尼特族[3]
中年	8050现象[4]
老人	孤独死、无缘死[5]

[表格来源：笔者依据小熊英二《平成史》（2019）等资料整理]

---

1 厚生劳动省针对所谓"闭门不出"的状态的官方解释是："不去上班或者上学，除了家人以外不跟任何人交流，持续在家中6个月以上，有时会外出买东西。"
2 "肉食系女子"：与传统淑女形象相反，在恋爱关系上像肉食动物一样凶猛主动的女子。
3 ニート，NEET，young people not in education, employment or training，即啃老族。
4 80岁的父母照顾50岁的子女。
5 指尸体无人认领的孤独终老。

上述种种现象，证实了处于第二现代的日本平成社会，正经历着旧有思维及制度的瓦解，反映在众多影视文艺作品中，例如电影《大逃杀》（高见广春的小说及深作欣二的电影）的主要内容即是通过一些外来突变，如来自政府的命令，把普通人的日常生活如家庭及学校关系摧毁，然后强迫他们参加你死我活的生存游戏。桐野夏生的《残虐记》（2004）即是以新潟县柏崎市的少女监禁事件为蓝本，《异常》（2003）则以"东电OL杀人事件"为蓝本。2003年SMAP《世界上唯一的花》的歌词热烈表达着对个体的赞美，其中"Only One"这个词，甚至被推举为当年最火流行语之一，反映长期以来日本社会都围绕集体主义和绝对服从发展，忽略了个人的价值的重视。除此之外，反映平成时代"无缘社会"的电影有《无人知晓》（2004）、《被嫌弃的松子的一生》（2006）、《小偷家族》（2018）等。

第二节　个人层面：青年亚文化繁荣

这一时期，日本年轻人的性别认同往往会受到流行文化及各类亚文化的影响，呈现纷繁复杂的特色。进入平成时代后，日本的经济优势一去不复返，泡沫经济崩溃的影响切实地融入民生及精神领域，加上贫富差距扩大，犯罪事件增多等社会问题不断涌现，人们的精神发生变化，出现"意识形态真空"，年轻人为逃避集体主义引领下的生活方式，开始追求个性表达和创造力，催生出一系列青年亚文化，往往越是统一、压抑的集体环境，往往更容易催生年轻人对个性的追求。这一时期，日本出现了"新人类""御宅族"等亚文化群体，同时偶像文化、BL亚文化繁荣。

一、纷繁驳杂的青年亚文化

青年亚文化表现在服装穿搭方面，出现了让人眼花缭乱的各种"系"，体现着这一时期纷繁复杂的性别展演，是年轻人追求个性表达和创造力的表现，当然，也可以理解为对集体主义引领下的生活方式的逃避。

单从女生的穿搭来说，就分"森女系"（森ガール系），"自然系"（ナチュラル系)、"洛丽塔系"(ロリータ系)、"公主系"(姫系)、"涩谷系"(ジャル系,GAL系)、"神户大小姐系"(JJ系)、"熟女系"(お姉系)、"名古屋大小姐系"(CANCAM系)、"性感系"(ViVi系)、"邻家女系"(RAY系)、"地雷系"(地雷系)等(见图4-1)。

图4-1 女性穿搭中各种各样的系

[图片来源:笔者整理自《知日·森女》(2013)]

其中森女系穿搭最具代表性,其典型搭配是:复古或民族风的娃娃装连衣裙(A字形连衣裙),材质以棉和麻为主,配以简单的蕾丝钩边和小动物造型的长吊坠,下半身是打底裤,加上一双平底圆头的皮鞋,另外,印第安风、西伯利亚风等也是她们中意的搭配风格。

男生也分为"盐系"(塩系)、"醋系"(酢系)、"砂糖系"(砂糖系)、"酱油系"(醬油系)、"酱汁系"(ソース系)、"番茄酱系"(ケチャップ系)、"味噌系"(みそ系)、"蛋黄酱系"(マヨネーズ系)、"橄榄油系"(オリーブオイル系)等(见图4-2)。

图 4-2　森系女孩冬天和夏天的穿搭

[图片来源：笔者整理自《知日·森女》（2013）]

二、极端克制的一人生活

集团主义、统一、压抑的集体环境所催生的另一种亚文化则是极端克制的个人生活，平成时代日本社会出现了诸多"蛰居族"，闭门不出、与世隔绝是主要特征。日语中的"一人暮し"，中文可以译为"一人生活"，指的是脱离家庭、独自一人生活的状态，这种状态在平成时代较为普遍，反映在亲密关系领域，则体现为极端的克制。

除导论中介绍的与抱枕相恋的男子外，平成时代日本社会出现了一系列诸如"人形玩偶制造所"这样的地方。在对日本某些特定地区的"人形玩偶制造所"进行调查后发现，其主要业务即是为消费者提供成为精致人形玩偶的体验，业务流程包含化妆、穿衣，甚至一系列"开箱"仪式等。在此类体验项目中，甚至会有人扮演购买者，表演开箱见到玩偶后惊喜的神态，并对玩偶进行抚摸、拍照等，使消费者全方位体验成为精致人形玩偶的感觉……大约90%的被采访者均表示购买该体验项目的动机都是因为容貌焦虑而感到自卑，渴望通过这种体验使得想象中的自己更加具有性吸引力，以获得短暂的快乐等，即所谓"对现实生活的逃离"，其中男性消费者约占30%。这一现象充分展现了当前日本社会亲密关系的疏离：内心的孤独需要通过物化自我而消解，渴望亲密关系，渴望被爱抚，却只能通过成为物体/玩具来实现，只有这样才能暂时脱离各种人际关系的烦扰，以获得自我满足。

与此类似，内心的孤独和自我化解可从森冈正博的《性冷淡男子的自白：一位哲学家对男性隐藏层面的探寻之旅》（*Confessions of a Frigid Man: A Philosopher's Journey into the Hidden Layers of Men's Sexuality*，2017）一书中得以体现，该书以"自我"为研究对象，通过自我民族志（Autoethnography）和生活史（Life history）的研究方法，以自述的口吻，对自己从青春期以来的性意识发展和变化进行了深度解剖，并解释了自己是如何接受这样的"自我"及其过程：出生后的生理性别为男性，并成长于日本性别二元制固化的社会，按照男性社会标准被迫塑造成所谓的"顺性男"（Cis-Male），然而通过青春期性征的出现，开始极度厌恶自己的"肮脏"的男性身体（Dirty male body），并开始思考自己的性意识（Sexuality）。在此过程中，出现了对"萝莉控"（ロリコン）这种涉及对未成年人不当情感的认知和倾向，喜欢制服少女，想要成为少女却亦对少女有欲望，这种矛盾的心理使其更加厌恶自己的男性身体，渴望退回青春期，成为12岁左右的少女，渴望逃离自己的男性身体。那么如何使自己成为少女呢？只能在想象中将自己移植进少女身体，重生为另一个"自我"……森冈教授把以上心路历程称为"心理剧疗法"（Psychodrama），揭露了部分日本男性较为真实的想象和欲望。从森冈身上似乎能印证日本社会性观念矛盾又极端的一面，即脑海中的关于性的想象如此疯狂、丰富，同时又可以在实际生活中如此隐忍、克制，甚至终身不婚。

由此可以总结平成时期日本社会对亲密关系的看法是矛盾且极端的：极端压抑，极端地想要避免与人接触，极端地不想惹麻烦也不被人麻烦，但是又有极端无法抑制的情欲。

第三节　家庭层面：开始出现家庭"主夫"

这一时期，女性意识的进化呈燎原之势。1989年4月，*an·an*杂志出现了该杂志最早的"SEX特辑"，其封面上印有"迈向性感和美丽"的宣传语，这一具有开创性的举动在一定程度上反映了当时女性意识开始觉醒的社会趋势。作为以中产阶级女性为目标读者的主流杂志，封面上出现"SEX"字样，赤裸裸地倡导"对亲密关系的关注"可谓前所未有。但这一特辑的销量却异常火爆，体现了这一时期女性意识的觉醒和女性主体地位的增强。

进入平成年代后，结婚对于日本的男性女性来说并不是必须，晚婚或者不婚的趋势进一步加强。2005年日本总务省的人口普查显示，男性不婚者的比例从1975年的2.12%增加至2005年的15.96%，女性不婚者的比例则由1975年的4.32%增加至2005年的7.25%[1]，同时，终身不婚的单身者比例不断增加。2019年，日本放送协会对日本人婚姻观念的调查结果显示，回答"不一定要结婚"的人数接近调查总人数的70%，创调查数据25年以来的最高值。除此之外，在关于"生育意愿"的调查中，回答"即使结婚，也不一定要孩子"的比例高达60%。造成这一现象的原因是多方面的，往往与经济发展有关。随着社会物质生活的极大丰富，以及生活质量水平的不断提高，人们不需要依赖家庭即可过上生活水平较高的单身生活，并有了更多的个人空间和自由以充实自己的精神世界。同时，社会观念的转变，个人价值观的多元化，教育水平的普遍提升使得人们更加注重自我实现，以及职场竞争带来的压力等因素，都促使了晚婚或不婚趋势的进一步加强。例如日本近年来出现了"AI婚"（与机器人的婚姻）、"自己婚"（自己和自己结婚）等形式。

另外，受经济低迷的影响，能达到女性理想收入的男性越来越少。据统计，年收入400万日元是女性对男性年薪设置的底线，但能达到这个标准的适婚年龄男性不到30%。雇佣条件的恶化、派遣劳务的增加，使得男女双方找到自己理想伴侣的难度越来越大，晚婚化趋势逐年加剧。

同时，进入20世纪90年代，在家务分配方面，开始出现负责家务活的"主夫"。关于主夫的数量，根据人口普查，20～59岁有配偶的男性中，"兼职主夫"和"专职主夫"的人数，在2000年分别为2.1万人和1.6万人，在2005年分别为3万人和2.1万人，到2010年为2.9万人和6万人，呈现不断增长的趋势。另外，参照同时期的主妇数量，可以看出，截至2005年，家庭主妇（710万人）和家庭主夫（2万人）之间的人数差距超过350倍，但2010年

---

[1] 総務省統計局：《平成17年国勢調査・配偶関係》，2005年。

家庭主妇（710万人）和家庭主夫（6万人）之间的差距缩小到115倍[1]。

同时，进入平成年代后，"夫妻同姓"制度的合理性也逐渐开始遭到日本民众的质疑，并成为媒体热议的话题。1996年法制审议会提出"选择性夫妇别氏制度"的建议。法务省在1996年和2010年分别准备改正法案，但是由于各党派意见不同，所以均未能提交国会。在2015年12月内阁会议决定的"第4次男女共同参与基本计划"中，法务省表示，关于导入"选择性夫妇别氏制度"等民法的修改，也要根据司法的判断进行探讨。在国立社会保障人口问题研究所每5年实施一次的"全国家庭动向调查"中，对"夫妇可以别姓吗？"这一问题的回答，持赞成态度的人数在2018年的调查中首次超过了50%。

虽然夫妇别姓制度尚未得到法律认可，但这一问题的提出，表明了日本女性社会地位的提升，男女平等的趋势进一步加强。

第四节　社会层面：无实质作用的同性婚及对风俗业的管制

一、同性婚合法化的发展

2015年3月31日，东京涩谷区颁布了《同性伴侣条例》（《同性パートナーシップ条例》），紧接着东京都世田谷区区长也发表了《同性伴侣要纲》（《同性パートナーシップ要綱》），同时诸多公司改变了对待性少数群体的差别待遇。同年4月30日，文部科学省发表《对待性别认同障碍学生的措施》（《性同一性障害に係る児童生徒に対するきめ細かな対応の実施等について》），鼓励学校积极应对性别认同障碍的学生。

2019年，日本株式会社LGBT综合研究所通过对42万8 036名20～69岁调查者进行调查，结果显示LGBT等性少数群体约占总数的10%。而日本

---

[1] 総務省：《平成12年国勢調査》（2000年）、《平成17年国勢調査》（2005年）、《平成22年国勢調査》（2010年）。

电通于2020年的调查发现性少数群体人口比例为8.9%。上述两项调查说明，"性少数群体普遍存在"在日本也是不可否认、无法改变的事实。

2015年日本同性伴侣登记制度从东京涩谷区和世谷田区最先开始。2016年，安倍政府推出《LGBT理解增进法》。截至2024年12月10日，全日本共478个自治体实施同性伴侣登记制度，覆盖率约占日本总人口的90%[1]。截至2022年6月30日，全日本共3 168对同性伴侣登记注册为伴侣关系。注册案例也呈连年上升趋势，由2017年的96件增加至2022年的3 168件。关于对待同性婚的看法和态度，在日本公益社团法人Marriage For All Japan 2019年实施的有关"对同性婚意识"的调查中，1 500名被调查者（40～69岁）中，72.6%的被调查者赞成同性婚[2]。

尽管如此，日本的同性伴侣制度仍然不能像异性恋婚姻那样享有全方位的权利，LEE（2017）通过田野调查发现，一些不选择登记的同性恋者称同性伴侣制度在日本只是为对外证明自己的同性身份，除此之外不享受任何权利；同时，进行同性伴侣登记需要经过复杂的程序，包括请律师以及花费大量的时间和金钱等，因此日本大多数同性恋者往往选择"同居"而暂不登记。由此可见，日本的同性伴侣制度虽不完善，与欧美相比有较大差距，但仍处在缓慢前进状态中。

二、对风俗业的管制

这一时期，由于泡沫经济的崩溃，普通民众大量涌入风俗业，同时互联网的发展更是为风俗业的宣传和信息获取提供了极大的便利，而需求侧的男性则面临着"终身雇佣制"的崩坏以及"派遣员工制"的横行，收入和欲望同时下降。需求剧减，供给剧增，导致日本风俗产业的服务价格一路下滑。这一时期，日本风俗业呈现五花八门的"泛滥"态势。

当时，可以进行性交易的风俗业一般有两类："土耳其浴"和"料亭"[3]。

---

[1] https://docs.google.com/spreadsheets/d/17WvjiD0e5dbhHYqcdki0fmcu8QN-5hVlWF7r5uKB0g8/edit?gid=361388754#gid=361388754。（浏览时间：2024年12月22日）

[2] 《同性婚に関する意識調査報告書》，Marriage For All Japan，2019年，第3页。

[3] 料亭：类似日本古代的妓院，在料亭里，每个日式房间门口都有几位女性服务员端坐，客人选好以后就可以带进房间饮酒作乐。

20世纪90年代,新《风俗业改正法》明确规定"SM俱乐部""脱衣舞剧场""裸体咖啡馆""派遣型按摩"[1]等不得进行性交易。不过,在实际经营的时候,一些服务往往会"越界",而警察也不可能每时每刻监视,因此此类业务仍处于"灰色地带"。

除供男性消费的风俗店外,也有供女性消费的"牛郎店"("ホストクラブ"),门口的招牌上也赫然展示出不同类型和风格的牛郎。同时,情人酒店在日本任何城市都大受欢迎,附近公开招揽生意的女性比比皆是。

上述现象,即使在20世纪90年代泡沫经济出现时都没有衰败,甚至在日本"3·11大地震"后,变得更加繁荣。2011年"3·11大地震"之后,宫城县、岩手县、福岛县等灾区的风俗店人满为患,主力军为男性灾民和实施灾后重建工作的建筑工人。据《纽约时报》记者法兰克·里奇的调查显示,色情行业是一个极具韧性的行业,当经济兴旺时,它随之兴旺,当经济衰退时,它则加倍兴旺。

1999年,日本政府对《风俗营业改正法》做了进一步修正,主要包括两点:① 所有门店必须报备,而报备的前提是得到业主"允许在此经营风俗产业"的同意函件;② 将无店铺型的"上门服务"纳入许可范围。上述两点导致了风俗店往往会集中在某一区域,同时,无店铺型的上门服务大幅度降低了风俗业的门槛,同时不受营业时间限制,极大增加了风俗营业者的自由度。2006年,该法修正,明令禁止相关人员在街头拉客。

2003年,以东京都副知事竹花丰为首,实施了"打击风俗业"和"街道净化"行动,从新宿歌舞伎町开始,逐渐蔓延到神奈川、琦玉、大阪等日本国内各地。日本政府实行打击的依据是1985年制定的《风俗营业改正法》里关于"营业地域"限制的设定,除了学校、医院、图书馆等公共设施附近200米内不能设风俗店外,当地警局可以根据自己的度量裁定风俗产业"是否设立在不被允许的区域内"。此次净化行动对店铺型的风俗店带来了沉重的打击,加上日本政府几乎不再通过新店铺的申请,整个风

---

[1] 派遣型按摩:到客人家里提供按摩服务。

俗业的实体店铺数量从此基本处于增长停滞、逐渐减少的状态。除了一般的"净化",风俗业者最忌讳的莫过于对未成年人的雇佣,一旦被发现就会遭到警察严厉的打击。然而在一些贫困县,依然存在大量的未成年人从事风俗业。

专门写日本风俗产业的作家中村淳彦曾在其2001年出版的作品《无名的女孩们》(《名前のない女たち》,2001)中提道:"政府重点打击的区域主要集中于歌舞伎町,是因为歌舞伎町这样的繁华地带,打掉了风俗店马上还有别的产业入驻,然而像'莺谷''大塚'等地,风俗店被打掉后街道的繁华就会彻底消失,为了经济的发展,当地警察在某种程度上默许了此类店铺的存在,哪怕存在'越线服务'。"

警察的"默许"和管制界限的模糊使得敢于提供"越线服务"的店铺很快在这里聚集。这一时期,主打韩国风俗娘的"韩式上门服务"就是一个典型例子,大批年轻韩国女性通过90天入境免签的机会来到日本,在东京"莺谷"等区域提供"上门服务"。出于经济因素的考量,警察往往会对此类现象和行为采取"默许"态度。除此之外,在大阪的"飞田新地",当地的风俗店也往往会以"料亭"的名义展开经营,警察对一些"越线服务"往往也会选择保持沉默。持同样套路的还有众多日式洗浴店"ソープランド",店铺往往只收取客人洗浴费,而产生的"特殊服务"费用则是客人单独支付给女服务员,对于此类行为,警察同样选择沉默对待。

总体上说,"灰色地带"的裁量权在地方警察的手上,而管理风俗店的警察们或多或少都和风俗店有"扯不清"的关系。加上保护地域经济的考量,很多知名的风俗区就这样存留着,使得日本的风俗业始终处于"灰色地带"。

第五节　案例:厌女镜像与亚文化乌托邦的平成罗曼史

案例一:当代日本电影中的厌女形象分析

在日本电影中,"女性"是始终存在的主题,进入平成年代以来,日本电影中的"厌女"形象更加多元、立体。本节试图从被嫌弃的"圣女"、被丑化的"恶女"以及"暴走族""萝莉"与"森女"等类别对当代日本电影中的厌女形象进行分析,并通过社会学第二现代理论对平成日本社会出现的一系列社会问题进行剖析,进一步理解当代日本电影中的厌女形象。

厌女(Misogyny)一词根源于古希腊μισογυνία一词,而希腊语μισογυνία则由"憎恶、仇恨"(μισο)和"女性"(γυνία)组成[1]。日本社会学家上野千鹤子认为"厌女症"即是"男人为了成为性的主体而将对女人的蔑视深植于自我确认的核心"[2],并对厌女症进行了分类,主要包含"男人的厌女症"和"女人的厌女症",其中"男人的厌女症"主要表现为"女性蔑视","女人的厌女症"则主要表现为"自我厌恶"。

人类社会的厌女文化由来已久,人们对性别的认识经历了从"单性"到"双性"再到"性别流动/多元化性别"的过程,这其中体现了人们对传统性别观念的不断反思,在一定程度上是对女性"客体"地位认识的突破和改变,日本的情况尤其特殊,从远古到近现代,日本女性的社会和家庭地位是不断下沉的:远古时期,《古事记》《日本书纪》所记载的神话中都提到了高天原的天照大神是女神,而日本的历代天皇都是这位女神的后裔,都是她的子孙,因此,女性在日本文化中的地位是至高无上的;同时,日本原始部落发展出"招婿制"使得女性的主导地位得到确立。然而,从室町幕府(1336—1573)开始,武士的兴起改变了"招婿制"的主导地位,儒学中的婚姻家庭理论适合武士阶层统治的需要,因此日本女性开始成为儒学理论中的不平等角色。平安时代后期,儒家"三从四德"思想的广泛传播进一步限制了日本妇女的行为,她们在社会中处于无权地位。明治维新以后,日本开始向近代社会转变,女性获得了一定的解放,这一时期,少数日本女性得到了受教育的机会,但她们所接受的仍是贤妻良母式的教育,儒家女性的道德观依然是指导思想,最终目的是为日本"富国强兵"服务。昭和时代,日本走上了军国主义专制

---

1 英文版维基百科Misogyny词条:https://en.wikipedia.org/wiki/Misogyny。(浏览时间:2024年10月16日)
2 上野千鹤子:《厌女》,王兰译,上海:上海三联书店,2005年,第32页。

集权的道路，使得日本女性承受了专制、战争的重压，她们为日本军阀节衣缩食、长时间劳作、承受夫离子亡的痛苦，一部分妇女甚至充当日本皇军的"慰安妇""潘潘""南洋姐"等，成为历史的悲剧；二战后，日本政府构筑"性爱防波堤"，招募女性为美国占领军服务，男女平权的道路也为专制与侵略战争所阻塞；虽然战后初期在美国的带领下，日本女性在法律上获得了一定的保障，但日本社会"男尊女卑"的传统思想却难以改变，并一直延续至今。

"厌女"并不只是一种社会现象，同时也是个人的心理表现，正如上野千鹤子的划分，其中"男人的厌女"又可细分为"异性恋男性的厌女""父亲的厌女"；"女人的厌女"又可细分为"女性之间的厌女""母亲的厌女"。厌女的具体表现也可分为生理、心理、思想的厌恶。电影是社会精神实质的综合体现，而无论从宏观角度还是微观角度，"厌女"这一现象均能从电影这一媒介中得到透视。

日本电影中的女性往往是坚强忍耐、温柔贤惠、能够照顾好家庭的"大和抚子"形象，契合日本文化历来所推崇的隐忍、无私奉献、始终如一等精神品质。进入平成年代后，厌女形象在电影中也有多种呈现，与昭和电影中大多数表现的坚强、顺从、为家庭无私奉献的女性形象不同，平成日本电影中出现了"复仇者""狂女""病女"等多种被丑化的"恶女"形象，与这一时期的日本第二现代社会特征有密切关联。日本于1989年进入平成时代也可称作"第二现代社会"，比西方国家晚了约25年，随着"泡沫经济"的崩溃和"55年体制"的终结，日本经济持续不景气，进入了"失去的十年"，甚至是"失去的二十年""失去的三十年"。经济过快增长后的泡沫经济崩溃，使得人们无法适应经济高速增长带来的意识形态真空，同20世纪70年代的西方社会一样，日本在这一时期出现了诸多社会问题，风险和不确定因素增多，少子高龄化问题日益严峻、贫富差距不断加大，伴随地方社会衰退、社会低欲望等问题，出现了诸多青少年犯罪以及"宫崎勤事件"[1]"东京地铁沙林

---

1 "宫崎勤事件"：在1988—1989年之间，宫崎勤在东京郊外和埼玉县杀害了四名4～7岁的女童，并全程录像，日本社会由此展开了对"御宅族"的批判和对色情录像的管制。

毒气事件"[1]等特异性犯罪事件，整个社会处于焦虑和异化的反常状态中。当代日本电影中的厌女形象，便是融合了平成第二现代社会的扭曲和撕裂，同时叠加了父权制的压迫，使得电影中的厌女形象更加丰富且充满张力。当代日本电影中的厌女形象，除被嫌弃的"圣女"和被丑化的"恶女"两种形象外，也出现了具有"反挫力"的年轻一代，例如"萝莉""暴走族"和"森女"等。

一、被嫌弃的"圣女"："大和抚子"的顺从与坚强

在昭和电影中，有诸多展现"大和抚子"形象的电影，如《晚春》（1949）中的女儿纪子、《东京物语》（1953）中的儿媳纪子、《二十四只眼睛》（1954）中的女教师久子等，皆为闪烁着母性光辉的自我牺牲的"圣女"形象，这些形象在平成时代的电影中依然有延续。日本电影中从昭和时期开始频繁出现的"圣女""大和抚子"形象，是日本审美文化的更迭，并通过镜头的一次次社会符号再造，有了更加象征性的含义。除儒家的"三从四德"外，古代日本社会有着自身独特的女性文化：在日本的远古神话中，天照大神是母性的化身，温柔和蔼，仁爱细腻，虽然神力无边但却有柔弱、隐忍的气质，被尊为天皇之祖。由此可见日本文化中理想的女性形象，是如"圣女"般慈爱温柔且饱含母性的，在日本人精神的深处，有着挥之不去的对"圣女"的依赖，而儒家的"三从四德"刚好可以对"大和抚子"形象进行更加完美的形塑。荷兰的日本学研究者伊恩·布鲁玛曾在《日本文化中的性角色》（1989）中指出："日本的男人都是儿子，女人都是母亲"[2]，这一观点是在对日本文化中性别角色的研究背景下提出的，意在强调日本文化中男性对女性的

---

[1] "东京地铁沙林毒气事件"：1995年3月20日早，发动恐怖袭击的奥姆真理邪教组织人员在东京地下铁三线共五列列车上散发沙林毒气，造成13人死亡及5 510人以上受伤。奥姆真理教（オウム真理教/Aum Shinrikyo）是一个鼓吹世界末日论的日本新兴宗教团体，被联合国认定为恐怖组织，其教主为麻原彰晃（本名：松本智津夫）。1988～1995年，奥姆真理教在日本制造各类绑架、杀人、恐怖袭击事件。奥姆真理教的实际目的是建立人们对麻原彰晃及其所述教义的绝对服从，并废除日本现行制度，最终在日本建立以麻原彰晃为统治者的政教合一的新制度。

[2] 伊恩·布鲁玛：《日本文化中的性角色》，北京：光明日报出版社，1989年。

某种依赖以及女性在社会角色中呈现出的母性特征。很多日本男性有着深刻的恋母情结，同时在社会的规训中，传统的日本女性通常也会以母亲的眼光来看男性，这也就导致了以天照大神为原型的温柔婉约的女性形象渗透进了电影当中，"大和抚子"的形象便是这种文化的产物。

"抚子"是日本文学中"秋之七草"之一，在《万叶集》中，"抚子"多称为石竹或瞿麦，其形态纤弱，但实际上能在多种环境中生长，气味甜香，使人感到舒适和放松。而"大和抚子"是日本文化中对于性格文静矜持，待人温柔体贴，在和男性的相处中逆来顺受，无私奉献，能够最大限度地宽恕男性罪恶，但是又有坚强一面的理想女性的指称[1]，亦即"圣女"。

在平成时代的电影中，"大和抚子"一次又一次地被塑造和诠释，而往往如此这般处处完美的"圣女"，却总是因为顺从的特质而被男性伤害，落下悲惨的结局。最为典型的莫过于中岛哲也导演的《被嫌弃的松子的一生》（2006），影片的主人公"松子"可以作为当代日本电影中厌女形象刻画的典型，甚至可以代表某一类被厌恶、被嫌弃的日本女性。

在电影中，松子的悲剧几乎都来源于她身边的男性。中岛哲也让观众看到了当代日本社会中人所受到的精神挤压，以及这种挤压之下人是如何变得孤独，人性是如何变得脆弱和崇尚虚无的。松子的一生，无论是作为"父亲的女儿"，还是"男性的恋人"，可以说都是非常悲惨的，自始至终被嫌弃，得不到应有的尊重和理解。首先是偏爱妹妹的父亲，在父权至上的日本社会氛围中，父亲无疑是一切的主导，松子自幼缺乏来自父亲的爱，使她不得不使用做鬼脸的方式来博得父亲的欢心；父亲的权威直接导致松子对女性尊严的忽视，这导致在松子成年之后，一次次地被男性伤害，却又一次次选择原谅，宁愿受尽侮辱和委屈，也要毫无顾忌地与男性纠缠、捆绑。

与松子相恋过的男性，可以说都处于日本社会的中下层，且都对松子十分残忍，如穷困潦倒、直到自杀也没有代表作的作家女八川，他对松子施加

---

1 百度百科"大和抚子"词条：https://baike.baidu.com/item/大和抚子/27139。（浏览时间：2023年10月8日）

暴力，逼迫松子向家人借钱，有着日本小说家太宰治的气质，对自己的行为羞愧难当后留下"生而为人，我很抱歉"的遗言后自杀。电影中松子目睹了女八川雨中的卧轨，雨中飞溅的血渍和残肢上破了洞的袜子，充分展现了作家的潦倒；又如胆小怕事、才华平庸的编剧冈也，同松子展开婚外情只是因为嫉妒作家女八川的才华，因此也要占有他的女人，充分体现了日本社会中女性被物化的现象，而在妻子发现其婚外情后，冈也懦弱胆小的性格被表现得淋漓尽致，充满讽刺；又如曾给松子带来人生希望，忠厚老实又有点寒酸的理发店老板，但他仅仅需要的是一个"主妇"和"帮手"，并没有对松子付出过深切情感，在松子出狱后已经另外组建了家庭；再如曾让松子失业的小混混龙洋一，性格残暴，只能靠黑社会生存，屡次将松子带进深渊……这些男性均在性格上有着致命缺陷，而虽然面容姣好，有着中产背景，受过良好教育，原本可以受人尊重的女教师松子，在与男性的一次次纠缠中逐渐丧失了人生的希望，变得肥胖、邋遢，也不再进行自我管理，最后被河边玩耍的青少年用棒球棍打死，结束了悲剧的一生。从深层次来看，导致松子悲剧的因素是多元的，既来自家庭，更来自社会，其根源则是影响日本数百年的男尊女卑的社会传统，对女性的厌恶、蔑视深深植根于日本社会，病态的男权社会导致了原本属于"圣女"这一行列的松子"被嫌弃的""倒霉的"一生，更决定了其注定的、必然的悲剧结局。

除松子外，在平成时代的日本电影中，另一听从男性、顺从男性、包容男性的"大和抚子"的典型莫过于根岸吉太郎根据太宰治小说改编而成的《维荣之妻：樱桃与蒲公英》（2009），电影名中的"樱桃"和"蒲公英"则分别指脆弱、无能的丈夫大谷穰治和美好、坚强的妻子佐知。身为丈夫的小说家大谷穰治自由散漫，不切实际，在创作上屡屡遇到瓶颈，导致负债累累，整日花天酒地，甚至和艺伎鬼混，对家庭毫无责任感，而妻子佐治则对丈夫毫无怨言，背着两岁的儿子到处担任侍女赚钱还债，受尽屈辱游走于各类酒客之间，明知丈夫出轨，自己却能够拒绝他人的示爱，最后以"我们只要活着就行了"安慰和情人自杀未遂的大谷，始终与大谷不离不弃。其贤淑、内敛、文静、隐忍，以及在生活困难面前刚强乐观，在社会上通晓人情世故，处处保全丈夫的面子等，被电影渲染到了极致。

又如在是枝裕和的电影中，"圣女"和"大和抚子"形象也层出不穷。《海街日记》（2015）中的长姐香田幸担负起母亲的职责，对两个妹妹关爱有加，并能够接纳从未谋面的同父异母妹妹，并最大限度地帮助她适应当地生活，有自己的朋友，所有的痛苦惆怅以及妹妹们的烦恼都被她的温柔和包容所抚平，不仅仅是对妹妹们、自己的恋人、邻居，她都以温和可亲、淡定从容的面目示人，最后为了继续做好"家长"，她拒绝了能够去美国的机会，并告别了相处多年的恋人。她的责任感和忍让，让观众对"大和抚子"的形象有了更加立体的认识。

除此之外，其他如《幻之光》（1995）中的由美子、《步履不停》（2008）中的横山太太等都是如此，平成银幕中的"大和抚子""圣女"形象比比皆是，在此不赘。"圣女"们遭受的苦难和蔑视各不相同，但是在克己利他、温柔贤惠这一点上却是一致的。不难看出，尽管平成时代的女性意识更加进步，同时男权社会备受质疑，"大和抚子""圣女"依然不断出现。她们自我压抑克制，将他人的幸福快乐置于自己的幸福快乐之上，是日本民族文化倾向的一种体现，也是日本电影人认为不可抛弃的传统审美之一。久而久之，这些被打上了"和氏"烙印的女性形象，也成功帮助日本完成了无形的文化输出。

二、被丑化的"恶女"："复仇者"的绝望与疯狂

在日本文化中，"恶女"形象实际上与天照大神一样历史悠久，伊邪那美就曾抛弃畸形的孩子，在丈夫伊邪那岐因为她变丑落荒而逃后，追杀丈夫，并发誓要残暴地每天杀死伊邪那岐国家上千人[1]。早在昭和时代的电影中，就有诸多将"恶女"形象丑化、妖魔化为"妖女""病女""狂女"的电影。首先在20世纪五六十年代的日式传统恐怖片中，就有颇多被妖魔化的女性，其中较多出现的角色设定是"妖猫"，剧情大多为受尽委屈和心酸的怨女，为了复仇而化为猫妖，给观众强烈的心灵震撼；其次是以"东海道四谷怪谈"为核心的各种改编版本中的女鬼阿岩。"女妖"的设定折射出男性对女性的某

---

1 于晓玲：《从文化自觉看当代日本电影女性形象塑造》，《电影文学》，2019（22）：57。

些复杂心态，在过分物化女性、贬低女性的日本父权社会，大部分男性对女性有所亏欠，因此会想象女性变为妖魔鬼怪后对自己施加报复，是厌女的另一种表现。

在当代日本电影中，冷漠、异化社会也催生了平成时代的电影中诸多"复仇者"的形象，进而自然而然演绎成"恶女"，其中既包括饱受精神焦虑进而走向绝望和失控的"病女"，也包括恐怖片中骇人心灵的"妖女"，还包括摧残他人心灵、杀人不眨眼的"狂女"等。

20世纪90年代，日本电影中开始出现描述高压社会中精神焦虑的女性，在此阶段的电影作品中，女性形象时常被刻画为精神错乱的失控者，其中岩井俊二《爱的捆绑》（1994）中的萌宝即是代表之一。萌宝与作为作家的丈夫由纪夫在一间公寓里过着简单平淡的生活，由于由纪夫整日忙于写作，与萌宝渐生嫌隙，两人原本平淡简单的恩爱生活，也不知不觉被打破。绝望的萌宝开始用绳索捆绑家中的一切，甚至企图把自己也绑起来。意识到问题严重性的由纪夫带萌宝看医生，得知萌宝患上了一种名为"强迫性紧缚症候群"的精神病，在医学上无法治疗。而他能够做的，也只有按萌宝的要求，用绳索将她紧紧捆绑起来，影片折射出平成日本社会大众紧绷的精神状态以及第二现代社会的异化现象，泡沫经济后，萌宝是平成日本社会极度缺乏安全感、对未来充满迷惘的代表，因极度焦虑而渴望安全感，害怕爱的缺失，因此将一切牢牢紧缚，包括自己的意念。诸如此类描述平成时代日本女性精神状况的影片还有《欢迎回家》（1996）中因"空巢主妇症候群"而患有精神分裂的主妇；竹中直人导演以荒木经惟夫妇为原型创作的《东京日和》（1997）中因内分泌失调而精神不安的阳子等。

至20世纪90年代末期，日本电影甚至逐渐发展了"J-horror"这一专门题材的日式恐怖电影。此系列电影往往会将女性妖魔化为恶魔的化身或不幸的来源，女性常常被视为"怨灵"，成为恐怖电影中最重要的故事元素。例如《七夜怪谈》（1995）中的贞子、《咒怨》（2002）中的加耶子，以及《鬼来电》（2003）中的大女儿被认为是"怨灵"集团的代表。这些女性在电影中常常有着幽怨的魂魄，由于在世期间遭遇不幸，离世后带着悲愤和怨念的情绪进行报复，成为骇人的对象，她们皆因强烈的孤独感与灵魂深处的不安而滋生出邪恶而恐怖的力量,实际上展现了女性对于男权社会不公平的一种控诉。在一系列"妖女"形象的塑造中,女性逐渐成为恐怖电影中不可或缺的负面标签。

在2000年后的日本电影作品中,女性作为"受难者"的形象依旧存在,或是在爱情中承受痛苦的灾难女性,或者是为了生存而处处忍耐的牺牲对象,显示出父权体制下的女性仍是受控制的。也正因如此,平成日本电影中大量出现了受难女性进而成为"复仇者"的"恶女"形象,女性不再顺从男性、依附男性,而是能够依靠自己的力量展开复仇,但这样看似自立自强的女性形象仍受到打击,遭受到男性的厌恶与社会的反感。无论是"受难者"形象,抑或是试图展开反击的"复仇者"形象,这些作品充分反映出当今日本社会的厌女形象及其意识形态。

在中岛哲也导演的影片《告白》(2010)中,同时作为老师和母亲的森口悠子属于平成日本电影中典型的"复仇者"形象。森口悠子原为学校的女教师,在一次学生的恶作剧中痛失爱女,悲痛至极的她决定寻找凶手,但由于《少年法》的保护,自己班上的两个学生免于遭受惩罚,因此她决定用自己的方式替女儿报仇。影片采用冷色调,涉及诸多日本当下社会问题,例如青少年犯罪、不上学、焦虑症等,影片以罗生门式的叙事方法,通过五个主要人物的独白方式深刻还原了案件发生的原委。影片最后,森口老师终于以自己的方式复仇成功,蹲下身来含泪抚摸"凶手"的头发,沉重地说出"从今天开始是你重生的第一步",并戏谑地说出"开玩笑的",成功摧毁了恋母情结深重的"凶手"修哉,充分反映了森口复仇的决心和精心设计。

中岛哲也同样也在《渴望》(2014)中塑造了另一从"受害者"到"复仇者"的形象,同时使女主加奈子更有"恶女"的色彩。运用了父女、两性与师生这三组关系来表现男权对加奈子的伤害,其中父女关系对加奈子的形塑则更为强烈:作为父亲的藤岛在本片中可以算作极端父权的代表,他暴力、野蛮,有着极强的控制欲与占有欲,他对医生、老师进行殴打辱骂,用暴力与权力获取信息。而女儿加奈子从小被残暴的父亲掌控,极端的父权使加奈子在学会玩弄男性的同时,又不可避免地遭受男性集体的剥削与侵害,使她既像天使又像恶魔,导演在影片中塑造出众多猥亵的男性形象,用最直观的方式将加奈子的悲剧与极端父权相结合，让观众感受到加奈子的痛苦。

除此之外，由东野圭吾小说改编的电影《白夜行》（2011）中的女主唐泽雪穗也是"受害者"转变为"复仇者"的所谓"恶女"典型，童年遭受邻居猥亵、被母亲逼迫出卖身体的阴影挥之不去，使得成年后的她变得冷酷残忍，即是拥有了财富和地位，但心灵依旧空虚，仅仅在表面上维持着体面，不断地自我欺骗。在电影中唐泽雪穗几乎没有显示出一丝人性温情，甚至对养母以及无数次帮助自己的桐原亮司都极为绝情。

类似的"恶女"形象不胜枚举，例如电影《切肤之爱》（1999）中幼年遭受性侵犯，成年后对男性疯狂施以报复的山崎麻美；电影《不溶性侵犯》（2000）中对于童年性侵害对象加以杀害，并将受害人陈尸于冰箱的千寻等。除此之外还有更极端的展现平成时代日本社会精神挤压进而走向疯狂的"狂女"形象，例如《天使之尘》（1994）中，专门在地铁站以隐秘残忍手段刺杀旅客的变态女乘客；《黑暗之家》（1999）中为了取得巨额保险费，将全家杀死的女主人幸子等，皆是当今日本社会精神挤压与父权制不可动摇的结果。

三、年轻一代的"反挫力"："暴走族""萝莉"与"森女"

在平成时代的日本电影中，也有少许从正面反映女性意识的电影，诸如《垫底辣妹》（2016）中从零基础开始奋力补习全力以赴考上庆应义塾大学的女高中生工藤沙耶加；《恋爱回旋》（2017）中摒弃传统男性审美，穿运动装追求个人成长的乒乓球运动员富田多满子；类似的电影还有《扶桑花女孩》（2006）、《百元之恋》（2014）等。

除此之外，反映年轻女性通过坚持自我从而反抗父权的电影也有很多，且在平成第二现代的背景下形成了诸多亚文化类型，例如"暴走族""萝莉"和"森女"等，由这一系列的亚文化类型可以看出当下日本社会年轻一代的"反挫力"，即结束"自我他者化"，坚持自我。其中最为典型的是中岛哲也导演的《下妻物语》（2004）中的龙崎桃子和白百合草莓，分别代表了2000年代日本两种青年亚文化的典型——"萝莉"和"暴走族"，其中龙崎桃子早熟稳重，能坚持自己的追求，在面临父母的离异时显示出同龄人少有的淡定，曾对母亲说过"人在面临巨大的幸福时会变得十分胆怯，抓住幸福其实比忍耐痛苦更需要勇气"这样稳重的话；与之相比，白百合草莓则代表了内心受到压迫后觉醒，进而奋起反抗的"暴走族"，各处行侠仗义，奔放大气，寻找自由的灵魂；龙崎桃子和白百合草莓在成长的历程中相遇，两个孤独的个体在互相依偎的过程中各自改变，成为彼此不可或缺的一部分。

与"萝莉"和"暴走族"不同，"森女"形象则代表了纯粹、自然、清新的生活观，在自然和自我的探寻中荡漾生机。早在20世纪80年代，宫崎骏就创作出了如《风之谷》（1984）中的娜乌西卡、《魔女宅急便》（1989）中的琪琪这样的形象自然清新、精神自由独立的森女，这些少女都是日本人森林信仰的体现[1]。进入平成时代，大量的真人电影也丰富了森女的形象群，如新城毅彦《现在只想爱你》（2006）中的里中静流，倔强而独立，一再强调成长，但成长的方向极有可能落入女主的婚纱和职业装的大众化审美中，所以，生命的戛然而止中止了森女蜕变的可能性，保留了森女原始的自然、清新脱俗的独特气质。又例如《街角洋果子店》（2011）中的臼场夏目，有着自己的价值观念和职业追求，不会因为男性而改变自我。森女系列电影的出现，使得苍井优、宫崎葵、新垣结衣等一批极具标签性的演员产生，可以看作是森女系电影壮大的佐证，共同点是清新的形象混合着天真、敏感、执拗等典型的森女特征，投射出倔强和独立，清新的形象甚至也裹挟着一层童话色彩，真实地反映了森女群体坚固的价值体系。

上野千鹤子曾在《厌女》中对"性的双重标准"（Sexual Double Standard）进行分析，认为"性的双重标准"实现了对女性进行"圣女"与"娼妓"的分离支配，"对于男人，女人的存在被分离为两种形象：或为母性的温柔（母亲），或为性欲处理机（便所）……母亲或便所，同根而生，同源而出"[2]。这也就使得日本电影在设置女性角色上，往往会落入要么是"圣女/天使"，要么是"恶女/娼妓"的窠臼。总结来看，在当代日本电影中，女性依然是被

1　苏静：《知日·森女》，北京：中信出版社，2013年，第122页。
2　上野千鹤子：《厌女》，王兰译，上海：上海三联书店，2005年，第34页。

窥视的对象，同时加上第二现代社会中思想意识的扭曲和挤压，导致"厌女"形象更加丰富且张力十足，无论是被嫌弃的"圣女"还是被丑化的"恶女"，皆是以"悲惨"形象为表现主轴；同时也出现了对"厌女"现象具有"反挫力"的"暴走族""萝莉""森女"等，即便有对女性的情感与精神世界的探索，但是只能作为其他以男性思想为核心的电影类型的修正。这里将从现代化理论和"男性同性社会欲望"对日本电影中出现的厌女形象进行分析和解释。

平成日本社会的厌女现象，可以用伊芙·科索夫斯基·塞吉维克（Eve Kosofsky Sedgwick）的"男性同性社会欲望"这一理论进行解释，它用来描述男性个体之间对结成男性纽带（Male Bonding）的动机和欲求[1]，强调男性之间通过某种社会联系来巩固自身的主体地位和社会权力关系。她认为，与女性之间关系的简单性和一致性不同，"同性社会性"与"同性恋"在男性身上呈现出二元化的、彻底的差异性对立，例如异性恋女性往往会对女同性恋者采取包容的态度，而异性恋男性却会对男同性恋者采取鄙视、侮辱的态度，将男同性恋者彻底排除在社交圈层之外，认为男同性恋者同女性一样，在男权社会中处于低一等级，正如塞吉维克所述"恐同是诸如异性恋婚姻之类的父权制度的必要结果"[2]。

上野千鹤子从日本本土文化出发，对塞吉维克的理论进行了进一步阐释，认为："男人的同性社会性欲望的纽带，就是相互认可的性的主体性之间的纽带……在这个由主体成员构成的世界里，如果出现了同性恋欲望，就可能相互沦为性的客体……男人对潜伏在自己集团中的'同性恋'的恐惧，也就是对自己也许会被当作性的客体即丧失主体地位的恐惧。"[3]

因此，日本社会的厌女，既包含对女性的厌恶，同时包含对父权制的恐同，虽然到了平成时代日本已经进入第二现代社会，但与西方国家"性别流动"趋势相比，"性别二元制"在日本社会依然是主流观念，这一刻板印象对跨性别者的影响首先体现在户籍制度只有"男""女"两种选择，而忽略了

1　塞吉维克：《男人之间》，郭劼译，上海：上海三联书店，2011年，第2页。
2　塞吉维克：《男人之间》，郭劼译，上海：上海三联书店，2011年，第2页。
3　上野千鹤子：《厌女》，王兰译，上海：上海三联书店，2005年，第19—20页。

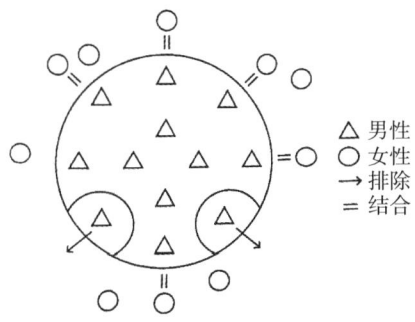

图 4-3　日本社会厌女机制分析

[图片来源：上野千鹤子《厌女》(2015)，第26页]

"非二元"（Non-binary）和"性别酷儿"（Gender Queer）等性别多样的存在，同时日本的跨性别者往往会被要求"完全的转变"，即从性别连续体的两端进行转换，不能存在"中间地带"，如果跨性别者表现得"不男不女"，则会被认为是"不成功的"。例如影片《人生密密缝》（2017）中的跨性别者伦子，即是完美的"大和抚子"形象，温柔婉约，同时说着完美的女性用语。由此可见，女性在日本社会仍属于客体，同时也是男性的"消费品"，除在视觉上满足男性凝视以外，"援助交际"等现象的出现也使平成日本电影有了新的题材，例如《恶人》（2010）和《禁室培欲》（1999）等。同时，第二现代社会中科技的发展也使得平成日本电影中对女性的消费有了新的形式，《我的机器人女友》（2008）、《空气人偶》（2009）等，虽然剧情是关于纯爱的，但"机器人女友""充气娃娃"依然是物化女性的代表，只不过披上了科技的外衣，同时也将当下日本社会"御宅族"的厌世、孤僻呈现在观众眼前。

正如波伏娃（Simone de Beauvoir）的观点："女人不是生来就是女人，而是变成女人的。"[1] 平成时代的日本电影中的厌女形象一方面来自第二现代社会的高压影响，同时也根源于日本社会长期以来男尊女卑的传统，出现了被嫌弃的"圣女"、被丑化的"恶女"，以及具有"反挫力"的"暴走族""萝

---

[1] （法）西蒙娜·德·波伏娃：《第二性》，郑克鲁译，上海：上海译文出版社，2011年。

莉""森女"等形象。通过对当代日本电影中的"厌女"形象进行分类爬梳发现，在日本社会中，"男性作为主体，女性作为客体"这一事实依然是难以改变的，厌女现象将始终存在。

案例二：少女漫画/电影中的亲密关系

这里将以《下妻物语》（2004）和《NANA》（2006）这两部电影为例，诠释各自作品中两位女主人公的亲密关系，并讨论这两部影片中所创造的女性纽带的政治和社会现象。

《下妻物语》是一部真人电影，改编自嶽本野ばら的小说《下妻物语》（《下妻物語——ヤンキーちゃんとロリータちゃん》）。故事讲述了洛丽塔女孩龙崎桃子和暴走族女孩白百合草莓之间的友谊。另一部电影《NANA》则改编自矢泽爱的人气少女漫画《NANA》，该影片同样讲述了两个看似截然相反的女孩的爱情与友情、梦想与现实的成长故事。

两部电影除了展现女生之间的亲密关系所折射出的日本独特的女校文化之外，也展现了诸多社会问题：① 过呼吸症候群；② Adult Children（アダルト・チルドレン）；③ 校园霸凌；④ "拟似家族"[1]等。以下将对两部作品做详细分析。

一、《下妻物语》：桃子和草莓的友谊

本电影的主人公龙崎桃子并非"普通"家庭的孩子，跟着曾经混过黑社会的爸爸和曾经为"不良少女"的奶奶一同在乡下生活，但钟爱洛可可风格的服饰，特殊的成长环境使得桃子清醒、独立且早熟。在面临父母离异时显示出同龄人少有的淡定，她曾对离异后来找自己的妈妈说过"人在面临巨大的幸福时会变得十分胆怯，抓住幸福其实比忍耐痛苦更需要勇气"这样成熟稳重的话；与之相对，"暴走族"白百合草莓则单纯率真、奔放大气，时刻愿意为朋友伙伴两肋插刀，一次偶然的机遇使得两个女孩相识相知，并建立

---

[1] 日语词汇，可直译为"类似家庭"或"模拟家庭"，是指没有血缘或法律关系，但通过情感、共同生活或特定纽带形成的类似家庭的人际关系。

了深刻的友谊和羁绊。

然而,《下妻物语》中深刻友谊的背后折射出日本平成时代青少年深刻的社会问题,桃子和草莓都并非成长于优渥的家庭环境,特殊的家庭环境使得桃子我行我素,游离于同班同学和同龄人之外,认为"人是独居动物,一个人诞生,一个人思考,一个人死去",桃子醉心于洛丽塔文化,经常一个人坐车去东京采购昂贵的洛丽塔服装;而草莓则是遭受校园霸凌后加入"暴走族"的"不良少女",长期不去上学使她的字迹歪歪扭扭,甚至会把错别字印在"暴走族"制服上。桃子和草莓虽性格迥异,却因为大环境相似而有着一致的内在坚守和寻找自由的灵魂,两个孤独的个体在互相依偎的过程中各自改变,成为彼此不可或缺的一部分。

家庭的破碎和瓦解使得桃子和草莓形成了特殊的"女性共同体",就像亲人一样互相照顾,难舍难分。例如草莓会误认为桃子被洛丽塔服装店老板"欺负",会挺身而出救桃子,桃子也会为了帮草莓缝制制服刺绣而三天三夜不眠不休,结局为两人友谊的高潮,看似冷漠对除自己以外的事情毫不关心的桃子,在不会开车的情况下千里奔波拯救被"暴走族"团体除名的草莓,体现了女生之间的强联结以及如家人般的羁绊。这种年轻女生之间的亲密关系,类似日本20世纪初期的"女校文化","S"(Sister的缩写)即为她们称呼彼此的称谓,这一文化在平成时代的日本有了新的特点,似乎可以建立新型的家庭关系。

二、《NANA》:娜娜和奈奈的友谊

影片《NANA》改编自矢泽爱同名漫画《NANA》,该片讲述了两个名字发音相同,但性格、经历迥异的女孩子意外相遇并相识后,命运交错在一起的故事。其中大崎娜娜来自破碎家庭,从小与祖母一起生活的她,独立懂事,性格坚韧,梦想是去东京成为摇滚乐队主唱;而小松奈奈则来自一个普通家庭,家庭成员有爸爸、妈妈、姐姐和妹妹,与很多普通女生一样,奈奈成绩普通梦想也没有那么远大,温柔可爱,性格单纯,对恋爱有着美好的憧憬。娜娜和奈奈在去东京的电车相遇,又意外在租房的时候碰巧遇到进而成为室友,由此开启了两人丰富多彩的友情故事。

奈奈对娜娜的依赖和崇拜，以及娜娜对奈奈的宠溺和保护，皆是平成时代"女性共同体"的体现，娜娜的乐队成员也常来707（娜娜和奈奈合租的房间号）聚会，类似日本平成时代新型的家族模式。

三、《下妻物语》和《NANA》中所体现的社会问题及亲密关系

日本平成时代特殊的社会环境造就了迷茫、孤独的青春一代，在《下妻物语》和《NANA》中有着淋漓尽致的体现。例如《NANA》中的过呼吸症候群即是由于内心极度的不安和恐慌造成，不只是娜娜，该电影中的另一位主人公也有类似的症状；Adult Children则是指酗酒父母的子女，因为从小得不到关爱，极易误入歧途，例如缺乏安全感的娜娜在成年初期即对男友莲有着极度的依赖，同时特别想要逃离原生家庭的伤害而不断打磨梦想的碎片；校园霸凌在《下妻物语》和《NANA》中均有体现，说明这是平成时代日本社会较严重的青少年问题；"模拟家族"这一家庭模式则体现了21世纪日本社会新型的家庭结构和关系，就像桃子和草莓，娜娜和奈奈之间的友谊，与原生家庭的联结越来越薄弱，而与朋友彼此关心，抱团取暖，正如NANA对乐队成员和奈奈的形容："经纪人银平像关怀备至的妈妈，泰（鼓手）像靠谱的长男，伸夫（贝斯手）像温柔的次男，真一（吉他手）像活泼幼稚的最小的孩子"，平成时代的日本社会，家制度进一步解体，年轻人都在探索新型的亲密关系和家庭模式。

案例三：平成时期各类亚文化及亲密关系替代

这里将主要选取平成时期偶像文化和BL亚文化作为主要分析对象，阐释其发挥的亲密关系替代作用。

一、偶像文化繁荣

平成时代，风靡亚洲的日本杰尼斯事务所旗下的偶像组合，垄断了日本当红男艺人的大半天下。"杰尼斯"模式不仅折射了日本演艺圈的现状，甚至还改变了整个东亚地区的造星理念和模式。

与20世纪70年代宝冢歌剧团的粉丝文化类似，杰尼斯事务所推出的偶

像团体,迅速成为这一时期女性热烈追逐的对象,形成了一系列粉丝社团、组织等,偶像的完美使得现实中的亲密关系得到了替代,满足了独自一人生活也可以生活在幻想中的欲望。

二、BL亚文化(耽美亚文化)

从20世纪70年代开始盛行的BL亚文化,是该时期一大特色。BL漫画最早兴盛于20世纪70年代中期,萩尾望都、池田理代子、大岛弓子、竹宫惠子、山岸凉子五位女性少女漫画家组成"花之24年组"[1],她们取代了少女漫画中以男性视角为主的内容,将男性间的暧昧情愫引入少女漫画,为少女漫画打开了新局面。她们擅长使用华丽的画风,编织出充满异国情调的奇幻故事,其中包含同性少年间的爱情故事,以满足这一时期少女对国外美妙生活的幻想(刘俐君,2018)。依据目前BL学界研究的共识可将其分为三个时期:(1)1961—1978年"创生期":森茉莉和"美少年"漫画;(2)1978—1990年"JUNE期":商业主题杂志《JUNE》和《同人志》[2]市场扩展;(3)1990年至今的"BL期"。

BL漫画往往以唯美、动人的风格,以及尽可能美化的故事情结,得到了诸多女性读者的瞩目,正是因为其虚构的情结可以引起无尽的幻想,而成为现实生活中亲密关系的完美替代。

---

1 "花之24年组":日文"花の24年組",萩尾望都、池田理代子、大岛弓子、竹宫惠子、山岸凉子五位女性少女漫画家多半是昭和二十四年(1949年)以后出生的,因此称为"花之24年组"。

2 "同人志":是由个人或团体自主创作及编辑成的刊物。

第五章

日本社会亲密关系变迁特征及影响分析

战后日本社会亲密关系经历了三个时期的发展演变，使得亲密关系在个人、家庭、社会三个层面都有了明显变化。战后日本社会亲密关系受战后经济现代化影响，同时也是社会文化作用的结果。根据日本第二现代理论，日本目前只有经济完成了现代化，政治、思想文化、社会方面的现代化还远远落后。亲密关系的变革本质属于社会文化领域，首先经济的发展为性文化的载体提供了多种多样的表现形式，同时也带来了多元的性消费，带来了性观念激进的一面，而思想文化现代化的落后又使得战后日本社会始终存在传统思想的残留，从而使个人、社会对亲密关系表现出保守的一面。同时，压缩现代化导致的亲密关系变革也对日本社会产生了深远影响，例如现代家庭的出现和瓦解、青少年问题严重、低欲望社会等。本章将利用历史社会学方法，在总结日本战后社会亲密关系变迁各阶段、各层次特征的基础上，分析战后日本社会亲密关系变迁产生的原因及影响。

第一节 从历史社会学视角分析日本社会亲密关系变迁及特征

一、宏观历史背景

原始社会由于生产力落后，人类只能依靠群体生存，形成"男性狩猎，女性采集"这一简单的分工。性与生殖的最初状态是群居和乱交，对性的认识处于蒙昧状态，囿于当时的生存状况和认知水平，人们认为女性怀孕是神的作用，因此盛行生殖崇拜。由于生存环境恶劣，婴儿存活率低，当时人类最高的生活目的即是生存和繁衍，在这一过程中，女性担当生产和哺育的角色，因此获得了至高无上的地位。

随着农业社会范式的兴起，逐渐开始有了家庭和男女分工。人们经过长期的经验发现男性在怀孕中的作用，使得男性地位提高，并开始有了固定的对象，同时随着农业和畜牧业的发展，需要男性从事繁重的体力劳动，女性影响力则被普遍认为仅限于家庭内部，男性开始了对土地所有权和劳动产品的占有和支配，并且希望把财产和支配权传给自己的后代。为了能把财产准确无误地传给自己的后代，开始出现对女性贞操的要求，原始社会的群居和滥交结束，开始出现一夫一妻和一夫多妻制，父权制确立，女性地位崩塌。恩格斯将这一转变描述为："女性从自由、平等有生产力的社会成员，演变为附属的、依赖他人的被监护者。"[1] 从此，男性开始成为历史的主宰，女性处于屈从地位。

18世纪中后期，英国工业革命的到来不可逆转地改变着世界的面貌，西方的现代化进程不断推进。工业革命以机器大生产为标志，随着工厂制的发展，对劳动力的需求增加，出于劳动力成本等多方面因素考虑，工厂开始雇佣女性甚至童工。在这一过程中，原有的性规范被打破，同时也催生出多样的性文化，科学家开始对性进行实验室研究，于是产生了性科学。

工业革命以机器大生产为标志，男性失去了在体力上的优势，同时随着工业化进程的加快，对劳动力的需求不断提升，女性走出家庭成为必然，逐渐摆脱对男性的依赖，获得经济上的独立。正如恩格斯所说："女性解放的第一步即是消除家庭作为社会的经济单位的属性，使女性重新回到公共事业中去。"[2]

到了19世纪和20世纪，随着商品社会化生产的推进，传统男女两性在劳动中的性别分工和在经济上的相互依附关系被挑战。工业化与城市化还

1　丹尼尔·贝尔：《资本主义文化矛盾》，北京：生活·读书·新知三联书店，1989年。
2　丹尼尔·贝尔：《资本主义文化矛盾》，北京：生活·读书·新知三联书店，1989年。

带来了工人阶级移民，他们的聚集也使得同性恋亚文化得以更快地发展。随着城市兴起，低效率的普通体力劳动不再被看重，取而代之的是先进的科学技术和发明创造。家庭扮演的"生殖单位""生产单位"的角色减弱，个人自由受到重视，性别认同和对亲密关系的选择也有了自主权，人们的性别观念不再仅仅局限于男性和女性，开始逐渐认同和接纳性多元化的发展。

进入21世纪后，信息化、数字化是最鲜明的特征，西方性观念愈发呈现"后现代"的特点。现今的家庭形式除传统的男女结合之外，亦有同性恋者组成的家庭，在北欧甚至出现了"多边关系"（Polyamorous，或称"开放关系"）家庭。性少数群体的权益不断增加，人们对"性别是流动的"这一观点日益达成共识，同时也出现了"网络性爱"等新的性消费方式，家庭形式和性关系逐渐向多元化趋势迈进。

由此我们可以总结西方亲密关系演变的几个阶段：① 原始社会：性崇拜；② 农业社会：男女分工，家庭形成；③ 工业社会：家庭形式、性关系趋向多元；④ 信息社会：性解放，流动的性别，后现代性恋。

然而现代化进程的发展并不能完全消除男女不平等的传统观念，同时也不能完全消除对性少数群体的歧视，自古以来，性自由始终受到各种传统观念、刻板印象和社会规范的约束。

古希腊盛行"少年爱"，由于当时对性别的认识仅仅局限于"男性和女性处在从热到冷的连续体"，因此在性行为中男性气质等同于积极的、进攻性的性角色。同性性行为并不会给人们带来道德上的不安，与性规范相关的问题主要集中于谁主导进攻方，这种进攻象征男性身份，也象征社会地位，但被进攻的对象是女性还是未成年男子，则无关紧要，重要的是谁是这一进攻动作的实施者。进攻者被认为处在主动地位，而被进攻者则被认为处在被动地位。

"合适的"被进攻对象是女人、未成年男子、外邦人和奴隶，这些人都不具有和雅典的男性公民同样的政治和公民权利。正如古典学者戴维·哈波林所说："公民身份对于雅典自由民来说，不仅是一个政治和社会概念，而且是一个性和性别化的概念。"性规范在于"主动"和"被动"，而不是"男性"和"女性"、"异性恋"和"同性恋"。

黑暗的中世纪奉行禁欲主义，将生殖作为唯一目的，这一严格的禁欲规范统治欧洲长达千年，直至文艺复兴后开启现代化进程，将性作为罪恶和禁忌的规范才逐渐被打破。

19世纪后半叶产生的部分性科学研究将各种性行为和所谓"反常性欲"进行命名，在这些研究中，同性关系被视为一种"病"而不是"罪"，倡导通过医疗干预进行"纠正"。

二战后，西欧各国在美国的扶持下迅速恢复经济，在经历了第一次"婴儿潮"（Baby Boom）后，20世纪60年代避孕药的发明将性与生殖分离开来，人们对性的认识不再被怀孕、堕胎的恐惧所束缚，进而能够享受性的快乐，性不再像从前那样与罪恶和疾病联系在一起。这一时期，受到包括社会变革、政治运动等多种因素的影响，出现了反主流文化运动，其中包括以"要做爱不要作战"为口号的反越战运动，法国、英国等国的反权威学生运动和美国的民权运动等。20世纪六七十年代，西方陆续解禁色情文学和色情电影，同时性少数运动、女权运动也日益高涨。

进入21世纪，随着科学技术的发展，诸多性规范、性禁忌被打破，变性手术等技术日益成熟，同性婚合法化被广泛接纳，但一些诸如"性别二元"等刻板印象和传统观念依然存在，并影响着人们对亲密关系的看法（见图5-1）。

因此，性科学和性规范是现代化的产物，人们对亲密关系的看法和选择一方面要靠性科学摆脱愚昧，形成对自己性别和性取向的正确认识，同时也受到性道德和相关法律、政策的约束。

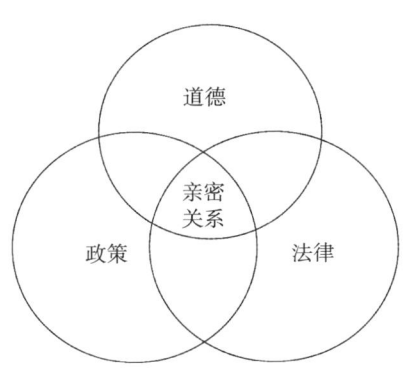

图5-1 影响亲密关系自由的因素

（表格来源：笔者自绘）

序章中曾设计过亲密关系的形成及影响因素的框架图，如果将该框架放在历史视角中，可进一步将亲密关系的发展演变总结为"莫比乌斯带"（Möbius strip）这一结构。（见图5-2）伊丽莎白·格罗斯（Elizabeth Grosz）在《易变的身体》（Volatile Bodies）一书中，用"莫比乌斯带"比喻人的身体和头脑是如何一同产生的，"莫比乌斯带"是一个难解的拓扑之谜，一条平面带子扭转一次后将两头连接，形成一个循环的扭转的面。格罗斯举例可以通过想象蚂蚁的攀爬轨迹来理解这一平面，一开始时蚂蚁显然在这个带的外侧面，但是在横贯这个扭转的带子时，蚂蚁的腿在没有离开平面的情况下，最后到达了这个带的内侧面[1]。格罗斯认为身体——大脑、肌肉、性器官、激素等——构成了莫比乌斯带的内侧面，文化和经验则将构成其外侧面。然而，内侧面和外侧面是连续的，蚂蚁脚不离地就可以从一个表面移动到另一个表面。格罗斯沿用"莫比乌斯带"这一类比，标记从生物过程到性欲的内在结构的路径，通过这种方式，身体创造了心理，同时我们不可能仅仅"减去环境、文化和历史"，就能得到"本性或生物性"。同样地，亲密关系是在长期的历史发展过程中不断被形塑的，内侧面是性科学（古代可称作"实践"和"经验"）带来的个人对自我性和性别的科学认识，外侧面则是历史中形成的性道德和性规范等。

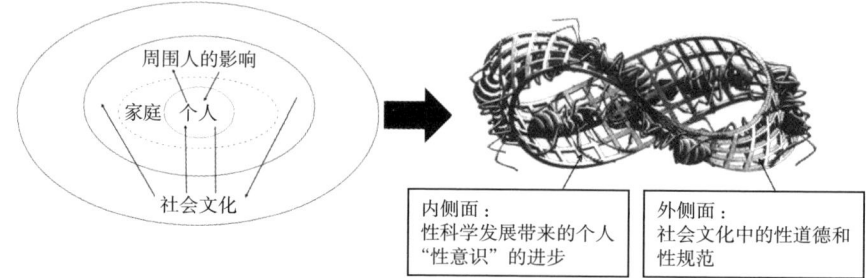

图5-2　亲密关系形成的影响因素与"莫比乌斯带"之间的关联

[图片来源：笔者依据Elizabeth Grosz[1994]的观点理解绘制]

随着性科学进步和性道德、性规范的不断变化，西方性革命可以总结为以下四个转折点：① 农业社会中，通过畜牧业经验的长期积累发现雄性在生

1　安妮·福斯托-斯特林（Anne Fausto-Sterling）：《赋身以性：性别政治和性的建构》，秦海花等译，南京：江苏凤凰教育出版社，2015年，第241页。

殖中的作用，使得女性地位下降，形成"家庭"这一社会单元，男性成为一家之主；② 20世纪60年代避孕药研制成功，使得性与生殖分离，人们对性的感受从怀孕的恐惧中解脱出来，开始享受性快乐，并引发了西方轰轰烈烈的性解放运动；③ 20世纪80年代艾滋病的肆虐使得人们对性少数群体的看法重回冰点，同时也激发了性少数群体更加猛烈的争取权益的运动，并使得同性婚逐渐合法化；④ 进入21世纪，在一些西方国家，部分人群对性快感的探索呈现出逐渐脱离生殖器官刺激的趋势，将其扩展到身体其他部分，甚至涉及一种"痛感"，例如虐恋亚文化，比如福柯以虐恋活动为证据提出了"快感的非性化"（Foucault，1988）；同时，家庭形式也出现了"多边关系"。上述两种转变虽并未在全世界普及，但符合"螺旋式发展"趋势，如图5-3所示：

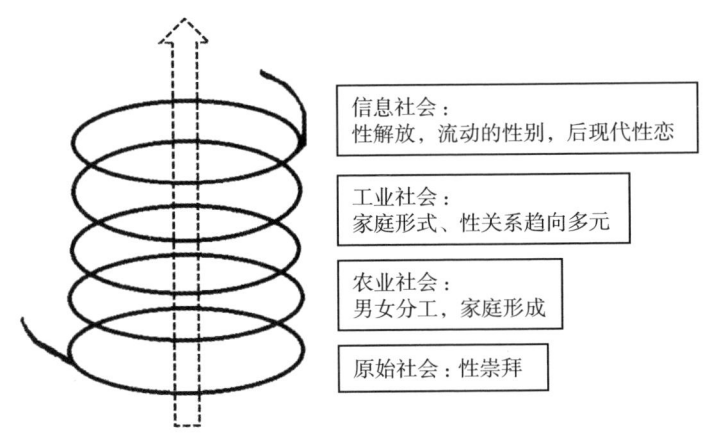

图5-3 人类社会亲密关系的"螺旋式发展"趋势

（图片来源：笔者自绘）

由此可见，现代化对亲密关系的影响主要体现为三大趋势：① 性与生殖/家庭的分离：避孕术的发明使得亲密关系不再受到生殖和家庭的束缚，使人们可以积极追求"纯粹关系"；② 性与爱的分离：人们对快感的追求不再受到传统道德观念的捆绑和束缚，呈现更加自由、开放、平等的状态，性可以是生理需求的单纯释放，不一定要和感情联系在一起；③ 女性意识觉醒：女性自我意识、独立意识增强，不再受到传统家庭观念的束缚。

同时，进入第二现代社会后，科技的发展也为亲密关系带来新的形式和新的选择，例如"网恋"、Cybersex等。同时，互联网的发展，使得人际交往的门槛和成本变低，让年轻人有了更多选择。通过互联网，年轻人也更很容易获取性伴侣，间接巩固了当今社会"性"与"爱"剥离意识的形成。

二、日本国内背景

与西方国家清晰的性观念及亲密关系演变脉络不同，日本作为一个后进国家，始终是在学习先进国家思想和科技的过程中不断进步。大化改新（646）以前，日本尚处于渔猎、采集经济向农业经济过渡的阶段，与同一时期高度发达的中国以及其他发展程度较高的亚洲国家相比，在经济、文化等方面存在较大差距。此后，日本历史上有三次大规模向国外学习的热潮：① 7世纪，日本通过派遣遣隋使和遣唐使，开始大规模吸收中国先进文化，引进汉字、儒教和佛教等，并通过大化改新使得日本社会从奴隶社会过渡到封建社会，建立了中央集权的封建统治制度；② 1603年，荷日航线开辟，荷兰为日本带去了大量的书籍和工艺器具等，到了1740年，"兰学"在日本广泛兴起，这一时期日本引进了诸多医学著作，如《荷兰本草和解》《脏志》等，包括许多荷译的他国著作也得以传到日本，如江户医生杉田玄白和前野良泽历时三年翻译出版的《解体新书》，附图谱共5卷，引起了日本科学的诸多革新，为日本近代性科学的引入和发展奠定了基础；③ 1853年，日本被迫打开国门后，学习西方的热情不断增强，从1868年开始，西方的性科学知识在东亚地区开始传播，但并未取得显著成效，却在日本掀起波澜。究其原因，是日本自江户中期即开始积极吸收西洋医学知识，并最终发展出了兰学这一与汉学和国学鼎足而立的新学术体系，社会上已经具备了接受解剖学相关知识的基础，因此西方性科学知识、先进技术的普及速度相对同一时期的中国更快。

与西方相比，日本的现代化虽然进程较快，但却是一种被动的、追赶型的现代化，在整体的现代化进程中，较少有"引领"世界潮流和走向的时刻。因此，日本的性观念自古至今并无明显的、阶段性的变化，比较有鲜明特色的即是"女性地位不断下沉"和"江户时代性观念开放"两点。

远古时期，女性在日本文化中的地位是至关重要的，《古事记》《日本书纪》所记载的神话中都提到了高天原的天照大神是女神，而日本的历代天皇都是这位女神的后裔，都是她的子孙。在采集—狩猎时期，女性采集食物，男性狩猎动物，男女两性分工明确，在物质方面的贡献势均力敌。在这一漫长过程中，日本部落发展出与西方社会不同的生活方式，即男性到女性家中生活的"招婿制度"，这一制度一直延续到明治维新时期。

从室町幕府（1336—1573）开始，武士的兴起改变了招婿制的主导地位，儒学中的婚姻家庭理论适合武士阶层统治的需要，因此日本女性在家庭中地位愈发不平等。平安时代后期，儒家"三从四德"思想在日本的广泛传播进一步限制了日本妇女的行为，她们在社会中处于无权地位。明治维新以后，日本开始向近代社会转变，女性获得了一定的解放，但她们所接受的仍是贤妻良母式的教育。因此，儒家女性的道德观仍然是教育日本妇女的指导思想。

日本妇女从明治维新中得到了有限的权利，生活状况得到了提高。但在昭和时代，自由民权运动开始受到挫折，直至彻底瓦解。对内，日本走上了军国主义专制集权的道路；对外，侵略中国、发动太平洋战争。从此，日本妇女承受了专制、战争的重压。她们为日本军阀节衣缩食、长时间劳作、承受夫离子亡的痛苦，一部分妇女甚至充当日本皇军的"慰安妇"，"潘潘""南洋姐"也成为历史的悲剧，美国占领军的"性爱防波堤"，男女平权的道路也为专制与侵略战争所阻塞。

总之，近代以前，日本妇女的物质生活水平是不断提高的，但其社会、家庭地位是不断下沉的。

江户时代是日本性文化最繁荣，同时也是性观念最开放的时代，男色文化、浮世绘/春画以及性风俗业均在这一时期达到巅峰。20世纪70年代的大岛渚审判中，导演大岛渚即通过影片《感官世界》（1976）表达了对江户时代性自由风气的怀念。

明治维新后，随着现代化的压缩式发展，战后日本在1945—1970年完成了现代化的第一个阶段，其中经济现代化进展尤其快速，并于1989年平成元年进入第二现代化，晚于西方25年左右。体现在性观念方面，主要表现为性教育的滞后，性少数群体运动成效慢且不够显著，性表现、性产业始终没有完全放开，且处于"灰色地带"。进入平成时代以来，与西方国家"性别流动"趋势相比，日本社会虽然也逐渐实现了性别多样，但"性别二元制"依然是主流观念，这一刻板印象对跨性别者的影响首先体现在户籍制度只有"男""女"两种选择，而忽略了"非二元"和"性别酷儿"等性别多样的存在，同时日本的跨性别者往往会被要求"完全的转变"，即从性别连续体的两端进行转换，不能存在"中间地带"，如果跨性别者表现得"不男不女"，则会被认为是失败的。"性别二元制"同样体现在宝冢"男役"和"娘役"的性别展演方面，即"娘役"往往担当陪衬"男役"的角色，某种程度上是对"夫唱妇随"这一性别刻板印象的复制。上述"性别二元制"在日本社会的固化表现如图5-4所示：

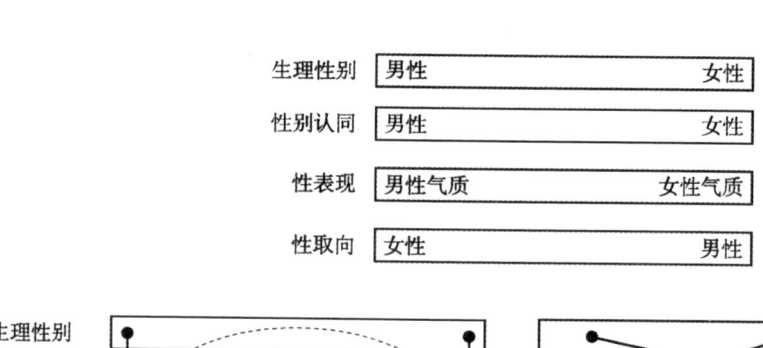

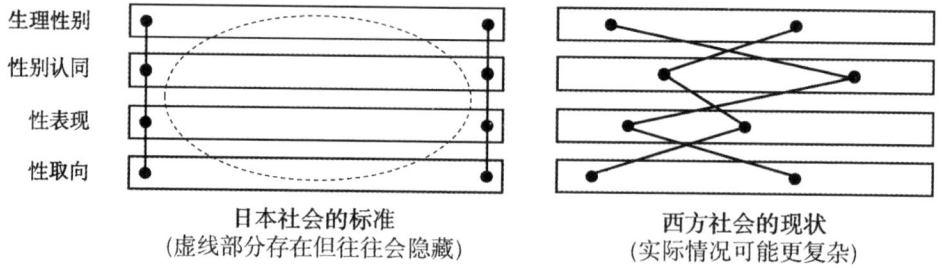

图5-4　日本社会"性别二元制"的固化

（图片来源：笔者自绘）

如果分别将"男性"和"女性"作为"生理性别""性别认同"及"性取向"连续体的两端，将"男性气质"和"女性气质"作为"性表现"连续体的两端，那么日本社会目前的性别规范则是完全处于连续体两端的异性恋男性和异性恋女性，处于"中间地带"的性别往往会被社会排斥而选择隐藏，或者按照"性别二元"的刻板印象对自己的性表现进行"掩饰"或"改造"，向"男性"和"女性"的两端靠拢。而目前西方社会的"性别流动"现象已经实现了实质的多元，在这一点上，日本与西方相比仍存在较大差距。

第二节 "压缩现代化"对日本社会亲密关系的影响

在日本社会现代化中，压缩现代化最显著的特征，即是现代家庭的迅速出现和瓦解；同时由于战后日本性教育发展进程缓慢、课程设置的保守以及色情行业监管不力导致日本青少年问题严重；同时家庭观念的变迁使得日本少子化加剧，离婚率剧增，经济低迷和性产业走向没落造成低欲望社会的形成。

一、现代家庭的出现和瓦解

"核心家庭"模式于17世纪开始在欧洲出现，18、19世纪逐渐普及；而在日本，这一现象虽然在大正时期就已经出现，但并未得到普及。周维宏（2020）认为，现代家庭的出现是现代化第一阶段的标志，而现代家庭的瓦解则是现代化第二阶段的标志。根据落合惠美子等学者的研究，日本现代家庭在大正时期出现，战后开始普及，从20世纪50年代中后期开始，"男主外，女主内"的核心家庭逐渐形成，经过20世纪六七十年代的发展，在80年代后期开始面临老龄化和少子化的冲击，现代家庭也逐渐朝着个人优先方向发展，这是造成"家庭个人化"的一个重要因素。目黑依子指出，"家庭个人化"并非是指单身的增加以及家庭中共同饮食、分工协作的减少，而是指作为独立的现代社会个体，现代家庭正在逐渐失去其基础的变化过程的概念[1]。根据NHK文化放送协会的调查，"家庭个人化型"的人群比例，

---

[1] 目黑依子：《总论：日本家庭的近代化》，目黑依子，渡边秀树编：《讲座社会学2 家庭》，东京大学出版会，1999年，第15页。

在1993年占到了17%，1998年时增长到24%，2003年占到26%，2008年为24%。"家庭个人化型"的人群比例在1993—1998年持续增长，1998年后趋于稳定，约4个人里面有1个人属于这种类型。同时，在厚生劳动省实施的2023年"国民生活基础调查"中，发现日本的家庭结构有了较大变化，如图5-5所示：

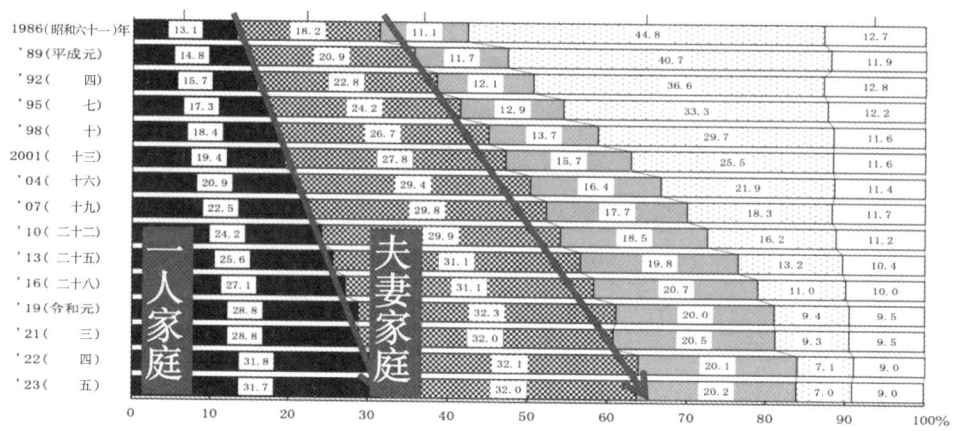

图5-5　日本家庭结构的演变

（图片来源：笔者在《令和五年 国民生活基礎調査の概況》第4页的基础上绘制而成）

由上图可见，只有一人的家庭（"一人家庭"）和夫妻两人的家庭（"夫妻家庭"）逐年增加，至2023年已超过60%，该报告预测只有一人的家庭将会在2040年增加至40%。

因此，可以说日本的现代家庭从20世纪60年代到80年代末，仅仅普及了不到20年时间，就马上开始走向瓦解，并出现了紧随其后的多种现象，包括：①"必须要结婚"已经成为少数派观点；②"有孩子是理所当然的"观念减少；③"结婚·性爱·生育"一体观念的颠覆；④"主妇"减少，"主夫"出现等。

（一）"必须要结婚"已经成为少数派观点

据1970年厚生劳动省"人口动态调查"显示，日本人初次结婚的平均年龄为：男性26.9岁，女性24.2岁，此后逐年上升，到2008年时，男性为30.2

岁，女性为28.5岁，同时晚婚与不婚的人数也在不断增加。根据NHK放送文化研究所自1973年起每5年进行的"日本人意识调查"，在1993年首次加入的"必须结婚"和"并不一定要结婚"这两个选项中，近年数据如图5-6所示：

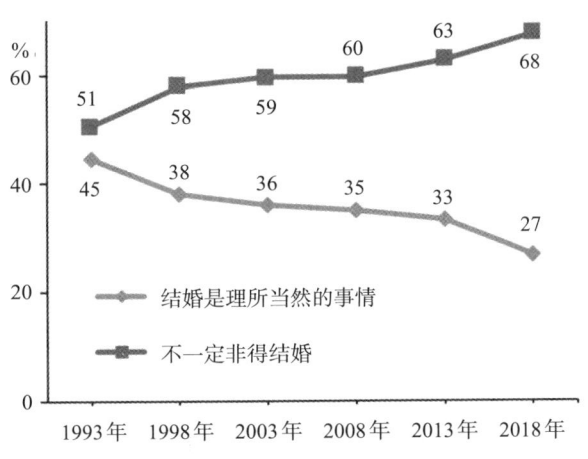

图5-6　日本人关于结婚必要性的看法

[图片来源：笔者依据NHK《第10回"日本人の意識"調査（2018）結果の概要》第1页内容翻译整理而成]

（二）"有孩子是理所当然的"观念减少

现在日本的出生率正逐年递减。1973年，NHK放送文化研究所刚开始进行"日本人的意识"这项调查时，正值第二次生育高峰，一年有209万名新生儿诞生。但是到了2003年这一数字减少到了112万名，到了2008年更是减少到了109万名，几乎只有1973年统计数据的一半。从1993年开始，在问卷中加入了"结婚之后理应生小孩"和"结婚之后不生也没关系"这一组问题。1993年时，尚有54%的人认为结婚之后生育子女是"理所当然"的，但是到了1998年时减少到了48%，而到了2013和2018年，这一数字分别减少到了39%和33%。如图5-7所示。

（三）"结婚·性爱·生育"一体观念的颠覆

结婚人数以及婚后生育人数的减少，加剧了少子化的进程，而人们对于亲密关系的态度转变也是不能忽视的因素之一。《an·an》杂志于1989年初次

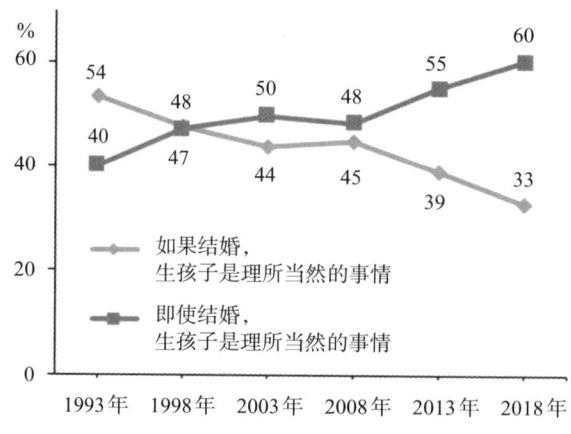

图 5-7 日本人关于婚后生育必要性的看法

[图片来源：笔者依据NHK《第10回"日本人の意識"調査（2018）結果の概要》第1页内容翻译整理而成]

刊登了亲密关系相关主题的特辑，受到了热捧，并且每年都会出女性特辑。社会心理学家岩男寿美子曾对电视剧进行调查，而在有关"亲密关系描写对剧情推动起到重要作用的比例"中，1980年时这一比例仅占到2%，而到了1994年，这一比例增长到了18%[1]，婚恋自由的观念正在逐渐蔓延。1973年时，"只有完成了婚礼才能发生关系"的观念接近六成，但是随着"如果是彼此深爱对方的男女朋友，可以发生关系"的观念逐渐增长了，到了1993年时变成主流观念，到了2003年时增长到44%，到了2018年则增长到47%。

从1993年对婚姻展开调查后发现，认为"必须结婚""结婚之后理应生育子女"等持积极态度的人呈减少趋势，而认为"并不一定要结婚""结婚之后不生育也没关系"的人数则增长了不少。"结婚·性爱·生育"三位一体的观念正在年轻人中特别是在年轻女性中，表现出逐渐消亡的趋势，与传统不同，结婚不是目的，而对于亲密关系的追求则始终存在，强调亲密关系中情绪价值的重要性。

（四）"主妇"减少，"主夫"出现

战后10年，有很多人从事农林水产业，但是进入20世纪60年代后，随

---

1 岩男寿美子：《电视的信息》，劲草书房，2000年，第192页。

着经济的高速发展，日本产业结构发生了巨大变化，男性上班族越来越多。与此同时，越来越多的女性成了专职主妇，一心一意为家庭默默奉献，"男主外，女主内"的观念逐渐形成，进入70年代后期，从事计时工的已婚女性逐渐增加，"男主外，女主内"的观念逐渐弱化。80年代为日本女性生活的转变期，在家庭、工作及社会地位上均有很多正面的改变。女性的工作地位被承认，外出工作的女性大为增加，无论在文化、社会还是政治等方面，女性在社会中的存在感前所未有地强烈起来。

根据2008年的调查，将近一半的已婚女性都有正式或非正式的工作。专职主妇的人数占比从1973年的24%减少到了2008年的19%，而有工作的女性人数占比则从1973年的39%增长到了2008年的47%。在NHK放送文化研究所做的关于女性对于结婚后是否应该继续工作的问卷调查中，有"专注于家庭""育儿优先""工作家庭两不误"三个选项。1973年，选择"育儿优先"的人最多，达到42%；选择"工作家庭两不误"的最少，只有20%。此后，选择"专注于家庭"的人逐渐减少，而选择"工作家庭两不误"的人数逐渐上升，到了1998年"工作家庭两不误"成了第一选择，几乎每两个人中就会有一个是这样想的，到了2018年这一比例更是达到了60%。如图5-8所示。

同时，丈夫做家务也被视为理所应当。过去，初中的技术、家庭课程教育，男生和女生的课程内容是不同的。而到了高中，单单只有女生被要

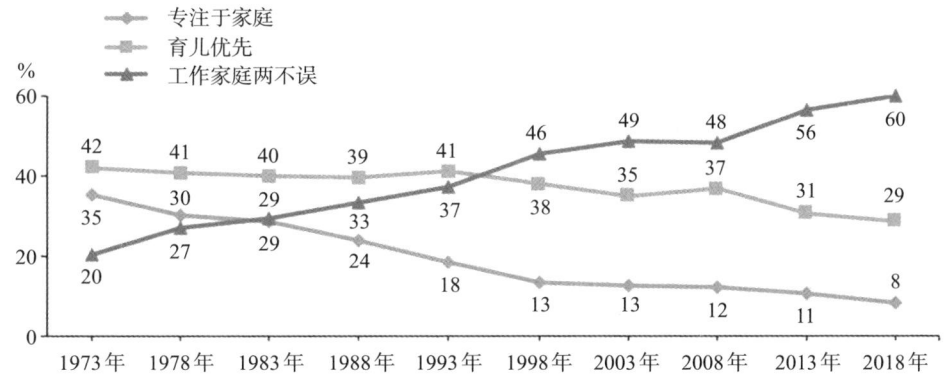

图5-8 日本人对女性家庭与工作的看法

[图片来源：笔者依据NHK《第10回"日本人の意識"調査（2018）結果の概要》第1页内容翻译整理而成]

求完成4个学分的家庭课程。1974年，以市川房枝为代表，组织了"男女共修家庭课程促进会"，男生女生共修家庭课程的思想渐渐传播扩展开来。1979年，联合国颁布撤销歧视女性条例，日本政府也对此作出积极响应，并开始致力于男生女生共修家庭课程的开课设置。到1993年，"男女共修家庭课程"进入了中学课程，1994年进入高中的课程设置。关于丈夫是否应该做家务，在1973年，选择"夫妇理应互相帮助"的人占到了53%，并在此后的35年间这一选择率持续增长，到2008年达到了86%，而到2013和2018年均达到89%。

受上述课程的影响，"主夫"一词于20世纪90年代出现于日本平成社会。关于"主夫"的数量，根据人口普查，20—59岁有配偶的男性中，"兼职主夫"和"全职主夫"的人数，在2000年分别为2.1万人和1.6万人，2005年分别为3万人和2.1万人，2010年为2.9万人和6万人，呈现不断增长的趋势，至2019年，全职主夫的人数已达117万人[1]。

女性参加工作，往往被视为性别革命的第一阶段，而男性主动参与育儿和家务，则称为"性别革命第二阶段"。如图5-9所示，进入平成年代后，选

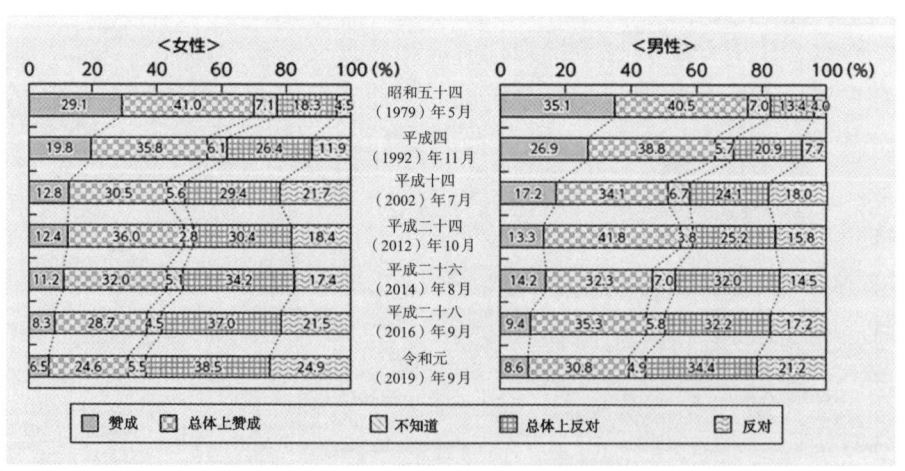

图5-9 "男主外，女主内"传统观念的变化

[图片来源：笔者依据内阁府《男女共同参画白書 令和三年版》（2021）I—3—4图翻译整理而成]

---

1 https://super-city.jp/portfolio/a01/a019/（浏览时间：2025年1月8日）

择"男主外，女主内"这一传统家庭观念的女性比例急剧减少，由1979年的29.1%降至2019年的6.5%，反对这一观念的女性比例呈不断增长趋势，至2019年，持反对态度的女性已经超过60%，持反对态度的男性也超过了50%。由此可见，"男主外，女主内"模式越发难以为继，传统"夫权"不断弱化。

二、青少年问题严重

进入21世纪以来，随着电脑与手机上网不断普及，成人杂志、录影带随手可得，与性相关的信息已经到了无孔不入的地步。日本社会丰富的性文化成为很多日本青少年的第二个性教育信息源，这也使得日本青少年的性行为越来越趋向低龄化，由此引发了更多青少年问题，包括90年代的"援助交际"，初次性行为年龄提前和堕胎比率增高，性霸凌事件增多等。

（一）泡沫经济的影响

进入20世纪90年代，随着泡沫经济的崩溃，日本女高中生在追求物欲、获得名牌的过程中，部分商家发现了"商机"。1993年开始出现"ブルセラ"[1]热潮，刮起一股女高中生寄卖底裤的疯狂现象；除此之外，在东京原宿兴起"Kogal[2]（コギャル）用品专卖店"风潮，专门贩卖日本女高中生用过的物品，后来，新宿的商家发明了一种叫作"旬"的小罐子，装满女高中生的私人物品，甚至包括用过的卫生巾、头发、体毛等，使得很多女高中生靠此方法赚取零用钱，引发社会震撼。

除此之外，青少年问题的进一步显现即是约于1992年开始的"援助交际"热潮。所谓"援助交际"，指的是女高中生为获得"零花钱"而与上班族男士交往约会的现象。"援助交际"于1996年开始在日本媒体全面曝光，大量女高中生投入这一"行业"。这一热潮的兴起与通信技术的发展有着密不可分的关系：最初期的"援助交际"，是由女中高生到"电话俱乐部"待客，后来传呼机出现，使得"援助交际"的市场进一步扩大。1997年导演原田真人

---

1 "ブルセラ"："ブル"指灯笼裤Bloomers，"セラ"指水手服Sailor。
2 Kogal：日文"コギャル"，即"高校生ギャル"的缩写，一般用来指日本穿校服的高中女生。

以此题材拍摄了《援助交际24小时》，继而1998年导演武内英树以援助交际和艾滋病为题材拍摄了《神啊！请多给我一些时间》，震惊了日本社会，并使得"援助交际"一词家喻户晓。

调查显示，援助交际在日本女高中生中所占比例较高，高二女生中有32.3%的人有过援助交际行为，而高三女生中这一比例更是高达44.7%[1]。而参与援助交际的渠道主要为朋友介绍，Weisberg（1985）通过研究发现有60%的女高中生是受同学、邻居、朋友等影响的；除此之外的方式还有广告，甚者有些女高中生会经营个人工作室，通过自己刊登广告的方式招揽客人。

"援助交际"带来一系列不良后果。2000年后，女高中生的性经验越来越早，六本木的妇科专家指出，大约有30%的女学生在初中毕业前就已经有性经验；甚至有些女生在"情人酒店"因不付钱而被通知学校要求代为结账[2]。此外，更严重的包括有宗教集团看准了女高中生的心灵空虚，于是积极吸纳她们入会，然后任由教主蹂躏施以性虐，其中最恶名昭彰的是"JMS教会"（Jesus Morning Star），由韩国人郑明石（Jong Myong Suk）创办，宣称要与上主的代言人交媾，才可以弥补、洗去亚当与夏娃的原罪[3]。

日本记者黑沼克史于1998年出版的《援助交际：中学生放学后的危险游戏》一书中，对"援助交际"的种类进行了详尽描述，除普通的陪吃饭、陪喝酒之外，也包括不同程度的性行为等。东京学艺大学社会学教授（1998）曾对121名女高中生进行了问卷调查，结果显示有75%的女高中生有过被中年男性搭讪的经历。内山绚子（1997）在日本初高中生中开展的一项调查显示，女学生对下列行为能够容忍的比例分别是：咖啡馆交谈32.7%，出卖制服形象26.2%，出卖内衣形象11.8%，同陌生人进行性行为5.4%，当色情杂志模特4.8%，当成人录像模特3.8%。根据内山绚子（1997）的调查，这种"把自己或自己的性作为商品也无所谓"的态度，不仅存在于受害女生中，在一般女生中也很常见。此外，1998年日本的网络杂志 *Tokyo Weekender* 曾报

1　https://ja.wikipedia.org/wiki/援助交际.（浏览时间：2022年8月2日）

2　Spa！2002年7月23日。

3　《周刊Post》，2002年11月1日。

道一项针对日本高中三年级学生的调查，显示17%的受访者不认为"援助交际"有什么不对，13%的受访者表示不会感到罪恶，更有高达75%的受访者表示曾经被中年男子要求进行"援助交际"。

日本平成时期由泡沫经济崩溃所带来的这一现象，体现了第二现代社会亲密关系的缺失，一方面是青少年心理空虚所造成的对自己不负责甚至自行选择"被害"，另一方面则是性教育不足导致的性知识缺乏，使得这一时期青少年极易陷入类似的困境。

（二）初次性行为年龄提前和堕胎比率增高

根据日本性教育协会2005年展开的一项调查，全日本有过性经验的男高中生占总体的26.6%、女高中生占30.0%，男初中生占3.6%、女初中生占4.2%，而大学男女生均超过了60%；更新的调查结果显示，初中生有性经验的比例逐年提高，至2017年，男女初中生的比例均超过5%[1]。到了2008年，在东京都内进行的一项调查结果显示，高三男生中有过性经验的比例为47.3%，女生则为46.5%。相比3年前的全国调查结果，男女生的比例都有了大幅度提升。2019年全日本堕胎次数超过15.6万次，其中不超过24岁的有5.248 3万次，约占总数的三分之一，充分体现了性教育滞后的弊端。

随着年轻人群体中有性经验人数的增加，从1990年开始，感染性病和进行人工堕胎的10～20岁的青少年人数也一路飙升。根据日本政府2004年的官方数据，在这个年龄层中有过堕胎经历的女生比例为10.6%。同时，2006年的一次问卷调查中，在日本大学里对避孕方法有正确认识的大学生比例不到30%。同时，财团法人日本性教育协会2007年第六次《青少年性行动全国调查报告》指出，高达63.9%的大学男生通过色情杂志、成人录像带获取与性有关的知识。社团法人日本PTA全国协议会于2009年发表的《平成二十一年度关于儿童与媒体之意识调查》报告指出，约20%的小学生持有手机，而中学生持有手机的比例更是达到了40%。

---

1 https://www.jase.faje.or.jp/jigyo/youth.html（浏览时间：2025年1月8日）

(三)性霸凌事件增多

进入平成时代,日本的经济优势一去不复返,泡沫经济崩溃的影响波及民生及精神领域,加上贫富差距扩大、犯罪事件增多等社会问题不断涌现,人们的精神发生变化,出现"意识形态真空",年轻人为逃避集体主义引领下的生活方式更容易迷失在虚拟世界之中,除"援助交际"外,持续至今的"校园霸凌"也是比较严重的问题,性霸凌事件、特异性犯罪事件增多。

确井真史(2010)在《东京都少女监禁事件的犯罪心理学》一书中,记录了一起骇人的"禁室培欲"事件:2005年初,一名24岁的无业男子通过网络与一名18岁的少女持续交往了3个月,结果在约会后将对方禁锢于家中及酒店等不同地方,并在此期间强迫少女拍摄裸照,最后少女凭一己之力逃脱,男子因而被捕。同一时期,因为对未来感到迷茫,日本女中学生中兴起一股在网上相约一起寻死的热潮,然而往往会遭遇男性的欺骗和强暴,这一系列现象显示了这一时期青少年问题极其严重。

除此之外,校园中对于性少数学生的霸凌也占有相当大的比例。2016年,日本独立行政法人教职员支援机构对性少数群体的意识调查显示,在校园生活中,超过半数的性少数群体遭受过"霸凌"或"歧视"。具体统计数据展示如图5-10所示。

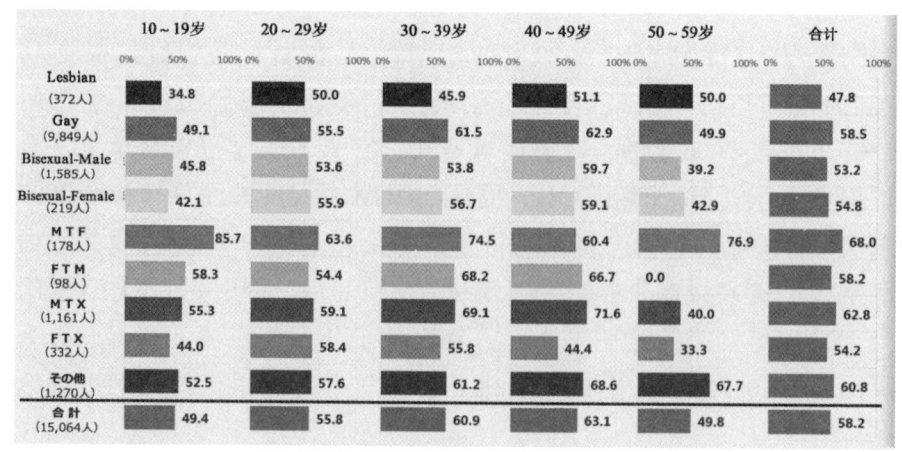

图5-10 学校中遭受过"霸凌"/"歧视"的性少数者比例

[图片来源:日高庸晴(2016)]

由以上统计可以发现，学校中对于性少数者的霸凌是在任何时代都普遍存在的，且均超过半数以上。

除此之外，平成时代随着人生自由度的增加，年轻人对自我身份认同的探索在25岁之前尚未完成，出现了"青春期长期化"现象。不稳定因素与风险意识增强，致使抑郁症患者增多。以上诸问题的出现，不仅归因于压缩现代化所带来的精神挤压，也归因于日本社会性教育的缺失，致使日本青少年对亲密关系没有正确的认识，进而误入歧途。我国应当以此为鉴，加强青少年的性教育。

三、低欲望社会

平成时代的社会环境和家庭环境，具备了一个人即便没有欲望，只选择待在家中也能够生活的条件。"闭门不出"的现象变得越来越普遍，新一代年轻人没有欲望、没有梦想、没有干劲，不炒房、不炒股、不结婚、不买奢侈品，宅男宅女越来越多，并盛行"草食系男子""肉食系女子"之类的说法。

根据日本家族计划协会（JFPA）的长期调查，对"性"没兴趣的日本男性比例，从2008年的8.3%上涨到2014年的21.6%。日本经济的长期低迷和女性地位的不断上升，造就了"没有欲望、没有梦想、没有干劲"的"三无男性"，以"草食系男子"为开端，接着出现了被美学化的"性冷淡"，再到被当作病症的"无欲症候群"。

日本家族计划协会（JFPA）曾于2020年做过有关日本人性生活的调查，结果显示，日本人性欲逐年降低，到2020年"性冷淡"（"セックスレス"，亦可译作"无性"）比例已达到51.9%，从侧面反映半数多的日本人呈现低欲望倾向。如图5-11所示。

日本社会学家山田昌弘2023年的最新调查显示，日本"无性"夫妇已经超过七成。该调查主要以25～64岁的日本人为调查对象，总数共计10 305人，其中男性5 204人，女性5 101人[1]。

1　https://president.jp/articles/-/78216（浏览时间：2025年1月10日）

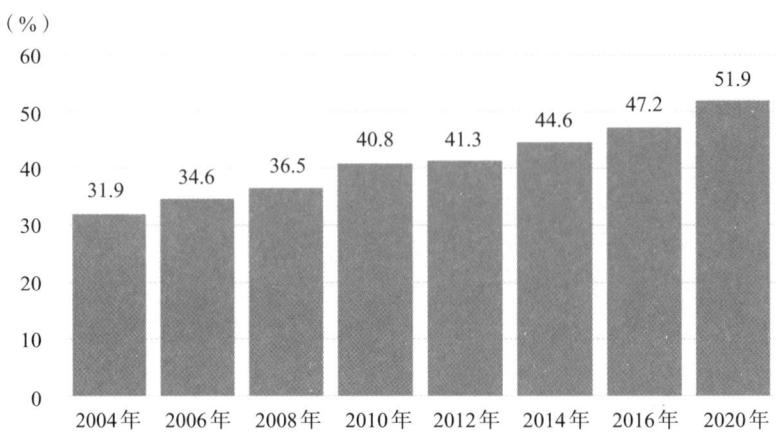

图5-11 日本婚姻关系中的"无性"化进程

[图片来源:《"ジェクス"ジャパン・セックスサーベイ2020》]

四、离婚剧增

进入平成时代后,日本离婚率飙升。从1999年到2009年的十年间,离婚率保持在0.2%以上,离婚总数均超过25万件,即十年来大约每两分钟就有一对夫妻形同陌路。2002年达到1899年以来离婚数量的最高峰,离婚率达0.23%,离婚件数达到289 836件。2010年以后,离婚率呈缓慢下降趋势,2019年令和元年的数据为0.169%,其中每三对夫妻就有一对离婚[1]。与此同时,近二三十年来日本社会的结婚率和结婚件数都呈明显减少的态势。高离婚率与低结婚率,这种现象的持续发展令日本社会忧心忡忡。离婚率剧增的原因一方面来自女性独立意识的增强,另一方面则是出轨、家暴加剧家庭动荡。

第三节 日本社会亲密关系现代化进程对我国的启示

依据前文分析,压缩现代化对日本社会亲密关系的影响主要体现为"现

---

[1] https://askpro.co.jp/ricon/89.html（浏览时间：2025年1月10日）

代家庭的出现和瓦解"，包括：① "必须要结婚"已经成为少数派观点；② "有孩子是理所当然的"观念减少；③ "结婚·性爱·生育"一体观念的颠覆；④ "主妇"减少，"主夫"出现。在青少年问题方面，主要体现为：① 泡沫经济影响导致青少年更易"误入歧途"，出现了援助交际及青少年性犯罪等现象；② 初次性行为年龄提前和堕胎比例增高；③ 性霸凌事件增多。除此之外，还存在低欲望社会、离婚率剧增等问题。

一、亲密关系现代化进程中的中日情况对比

我国和日本同属东亚，新中国成立以来也经历了现代化的快速发展，尤其1978年改革开放以来经济实现了快速增长，2010年中国经济总量跃居全球第二位。目前，我国的现代化发展与日本曾经的轨迹十分相似，当前日本社会所面临的问题也是我国很可能要面对的未来。在亲密关系方面也出现了诸多类似的现象，主要体现为家庭规模不断缩小：① 结婚率持续走低，晚婚率和离婚率持续走高；② 总和生育率持续走低，2020年跌破1.3，2023年降至约1.02，不足更替水平（2.1）的一半，位列全球倒数第二；③ 未婚同居现象增多，女性意识增强；④ 女性就业人数比例较高，"回归家庭"人数少。除此之外，还存在青少年性教育不足、低欲望社会、离婚率剧增等问题。

（一）家庭规模不断缩小

新中国成立以来我国家庭规模的总趋势也在不断缩小，1953年家庭规模平均为4.30人，1964年为4.29人，1982年为4.41人，1990年为3.96人，2000年为3.44人，2010年为3.10人，2020年只有2.62人。在家庭规模小型化的过程中，产生了大量的单亲家庭、单身家庭、独生子女家庭和独居老人家庭[1]。家庭规模的不断缩小，紧随其后的是出现了多种现象：① 结婚率持续走低；② 生育率持续走低；③ 未婚同居现象增多；④ 女性意识增强，女性就业人数比例较高。

第一，结婚率持续走低。

近年来随着我国现代化的过快发展，在多种选择和无奈之下，我国结婚

---

[1] 《中国婚姻家庭报告2023版》。

率持续走低，晚婚率和离婚率持续走高。与日本社会年轻人对亲密关系的看法近似，我国年轻人追求自由独立，认为婚姻是束缚，同时过高的婚育成本使得结婚压力增大。2024年11月1日，民政部发布《2024年3季度民政统计数据》，2024年前三季度全国结婚登记474.7万对，离婚登记196.7万对，同比分别减少94.3万对、0.6万对。总结我国目前的婚姻状况，即是结婚率下滑、初婚年龄推迟、离婚率长期持续攀升。

一是结婚登记对数不断创新低，10年内下降49.3%，2023年补偿性结婚需求释放，预计2024年结婚对数创近40年来的新低。2013—2022年，我国结婚登记对数从1346.9万对的历史高点持续下滑至683.5万对，降幅49.3%，2023年结婚登记对数768.2万对，同比增长12.4%，主因为疫情后补偿性结婚需求释放。2024年前三季度，全国结婚登记474.7万对，同比减少94.3万对，说明补偿性需求基本结束。参考近十年，前三季度结婚登记对数全年占比在72%～79%，可以估算出2024年全年结婚登记对数在601万对～659万对之间。2013～2022年粗结婚率从9.9‰降至4.8‰，2023年升至5.4‰（见图5-12）。

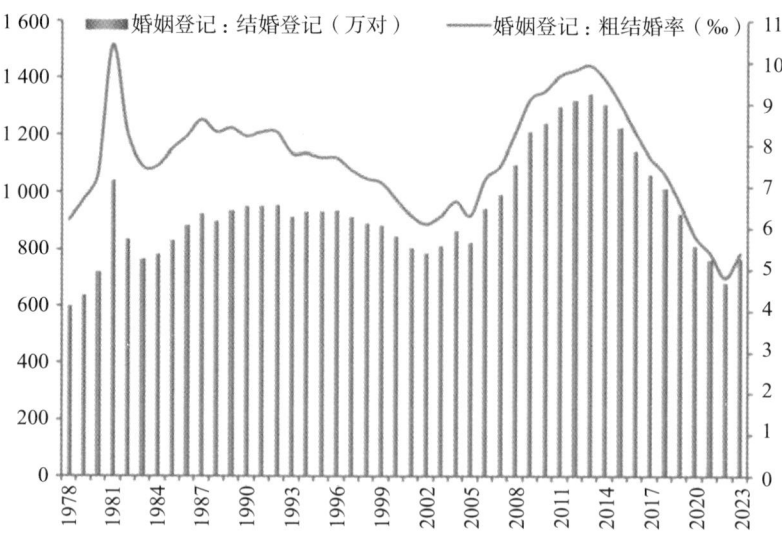

图5-12　我国结婚登记对数在2013年见顶后回落

（图片来源：中华人民共和国民政部官网相关数据整理）

二是"晚婚"现象突出，初婚人数减少，25～29岁人群代替20～24岁人群成为结婚主力，高年龄层段（40岁以上）结婚登记占比大幅上升。2013～2022年，内地居民初婚登记人数从2 386万的高点降至1 051.8万人；再婚人数先升后降，2019年达到455.9万人峰值后降至2022年的315.2万人。2005～2022年，20～24岁结婚登记人数（含再婚）占比从47.0%降至15.2%，25～29岁结婚登记人数从34.3%升至37.2%，30～34岁、35～39岁、40岁以上结婚登记人数占比分别从9.9%、4.9%、3.9%增至20.7%、9.1%和17.7%（见图5-13）。

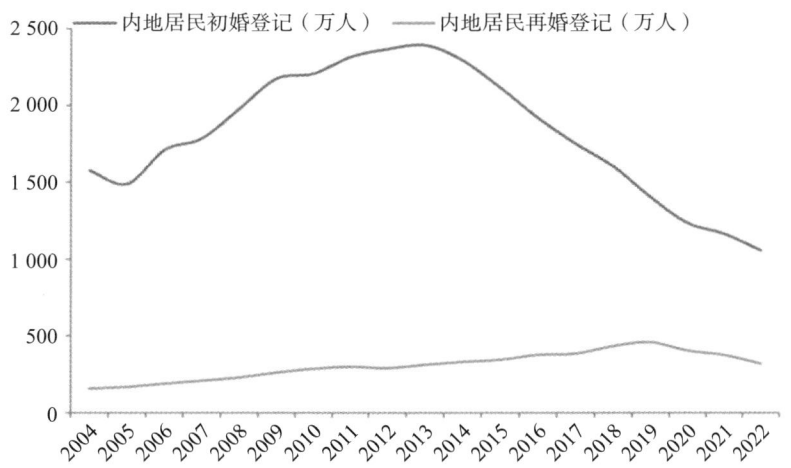

图5-13 我国初婚人数自2014年开始减少

（图片来源：中华人民共和国民政部官网相关数据整理）

第二，生育率持续走低。

目前我国年轻人生育意愿低，出生人口连续下滑。数据显示，中国总和生育率从70年代之前的6左右，降至1990年的2左右，再降至2010年后的1.5左右，2020年跌破1.3，2023年降至约1.02，不足更替水平（2.1）的一半，排名全球倒数第二。

国家统计局的资料显示，"00后"平均打算生育子女数仅1.48个。2021年国家卫生健康委调查显示，育龄妇女生育意愿继续走低，2017、2019、2021年平均打算生育子女数为1.73、1.76、1.64个，作为生育主体的"90后""00

后"平均打算生育子女数仅为1.54个和1.48个。同时,一孩生育率持续走低、2010—2022年从0.9降至0.6,全面二孩政策消退,2017—2022年生育率从0.9降至0.3,三孩政策效果尚未显现。一孩总和生育率明显下滑。2010年生育率降至0.9,2022年降至约0.6,意味着不少年轻人连一孩都不愿意生(见图5-14)。

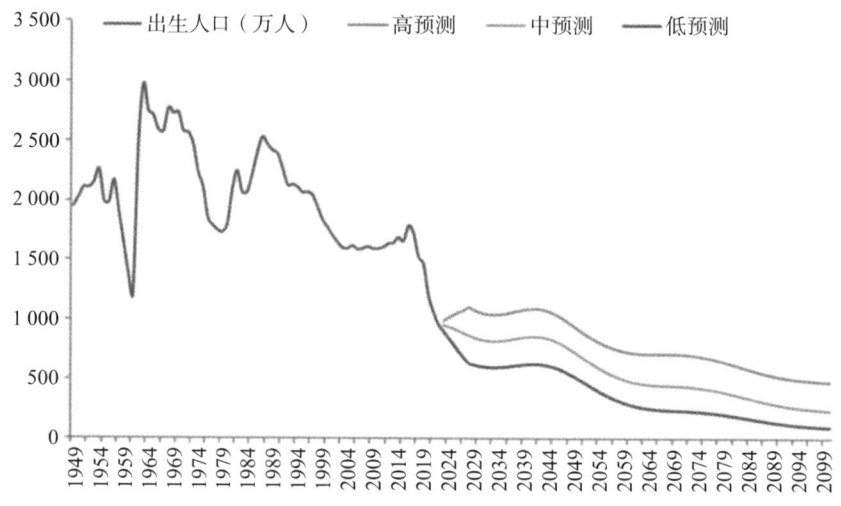

图5-14　我国出生人口连续7年下降

(图片来源:根据国家统计局相关数据整理)

第三,未婚同居现象增多。

与日本的情况类似,近年来,我国未婚同居率不断上升,根据2018年中国家庭追踪调查数据,出生队列为1980—1984年男性的未婚同居率为33.33%,女性为26.79%;出生队列为1985—1989年男性的未婚同居率为37.99%,女性为33.13%[1]。根据珍爱网发布的《2024年Q1单身人群调查报告》,37.17%的受访者接受婚前同居,这一比例已经相当高。此外,百合佳缘集团联合"后浪研究所"发布的《2023年轻情侣同居调查报告》显示,超过六成的同居青年表示同居后感情更好或是已经走进婚姻的殿堂。这些数据表明,婚前同居在年轻人中已经成为一种相对普遍的现象。

1　https://baijiahao.baidu.com/s?id=1773107704148387326&wfr=spider&for=pc(浏览时间:2025年1月8日)

第四，女性意识增强，女性就业人数比例较高。

我国女性就业人数一直占据较高比例，根据国家统计局发布的2022年《中国妇女发展纲要（2021～2030年）》统计监测报告，2022年，全国女性就业人员3.2亿人，占全部就业人员的比重为43.2%。城镇非私营单位就业人员中女性为6 766.4万人，占比为40.5%。根据智联招聘《2024年中国女性职场现状调查报告》显示，21.5%职场女性有升职把握，占比连续三年提升；男性对"姐弟恋""男主内，女主外"新思想的接受度均高于女性；19.7%全职妈妈为实现自我价值而重返职场，占比高于2023年的统计数据；职场爸爸在承担家庭责任表现改善，超六成女性认为另一半应尽力参与育儿。

（二）低欲望社会

据全国妇联发布的一项调查结果显示：中国有近六成夫妻曾受到"性冷淡"的困扰[1]。自2019年起，北京大学、复旦大学一同发起的历时三年完成的"中国人私生活质量调查"（2022）中，6 828份有效问卷显示：年轻一代的性活跃度在下降。只有大约一半的"95后"（1995—2003年间出生）每周有不少于1～2次性生活，频率低于"80后"和"90初"。最年轻群体不是性生活最活跃的人群——这不符合人们的传统印象。另一个数字揭示了更加"冷淡"的现状：在最年轻一代中，14.6%男性和10.1%女性（注意：他们均有伴侣）表示，过去一年没有性生活，这个比例高于"70后""80后""90初"[2]。

调查显示，"95后"的性观念的确更开放。一方面，他们对婚前性行为与同性性行为的接受度都略有提高；另一方面，"95后"男女的初次性行为年龄，中位数都是19岁，比"70后"和"80后"提前了5岁和3岁。不光如此，对"70后"和"80后"来说，性更多是一种表达感情的载体，但越来越多的"90后"却认为，性可以是生理需求的单纯释放，不一定要和感情联系在一起，到了"95后"这里，性与爱甚至进一步剥离了。他们选择性对象不一定是为了结婚，甚至也不一定是为了恋爱。这当中，互联网对

---

[1] https://m.baidu.com/bh/m/detail/ar_673516472047805968（浏览时间：2025年1月10日）

[2] https://finance.sina.cn/2024-12-14/detail-inczkmzc8516290.d.html（浏览时间：2025年1月10日）

"90后",尤其是"95后"性观念的塑造起到了重要作用,通过互联网,年轻人也更很容易获取性伴侣,间接巩固了年轻人对"性"与"爱"剥离意识的形成。

年轻女性在性关系中的地位明显上升,也是此次调查的一个重要发现。"95后"人群中,有17%的女性会在互联网上寻找性伴侣,"95后"男性的这一比例为19%左右,差距不大。而"80后"中,在互联网上寻找性伴侣的男女比例,分别为33.7%和11%。这说明年轻女性开始寻求更加独立平等的性关系。"95后"女性中,有30%以上的人认为性的目的,仅仅就是为了满足生理需求,也就是说,她们是为了自己的性愉悦而去发生性行为[1]。

如前文所述,"低欲望"不仅存在于亲密关系,出生在日本经济泡沫破灭后的年轻一代,对于未来长期发展惶恐不安,年轻人不愿意承担房贷、结婚生子,试图通过减少消费来增加储蓄,以此提高步入老年后抵御风险的能力,因此消费欲望、结婚欲望均非常低迷,体现在社会生活的方方面面。同样在我国,民众在经济波动中收入有所下降,是人们不愿消费不敢消费的主要原因。从前些年朋友圈流行的"躺平""佛系",到如今不及市场预期的社会消费以及所谓的"消费降级",有人就此做出判断:中国正在逐渐步入"低欲望社会"[2]。

(三)离婚剧增

近年来,我国离婚率虽在制度调整下短期内有所改善,但也与日本社会相似,存在高离婚率与低结婚率并存的问题。1978—2022年,我国离婚登记对数先升后降,从1978年的28.5万对升至2019年470.1万对的峰值,此后大幅下降至2023年的259.3万对,主因是实施了离婚冷静期政策。2024年前三季度,离婚登记对数196.7万对,同比减少0.6万对。粗离婚率从0.2‰攀升至2019年的3.4‰,2022年下滑至2.0‰,2023年小幅升至2.6‰(见图5-15)。

---

[1] https://www.lifeweek.com.cn/article/174237(浏览时间:2025年1月10日)

[2] https://baijiahao.baidu.com/s?id=1774525795574443248&wfr=spider&for=pc(浏览时间:2025年1月10日)

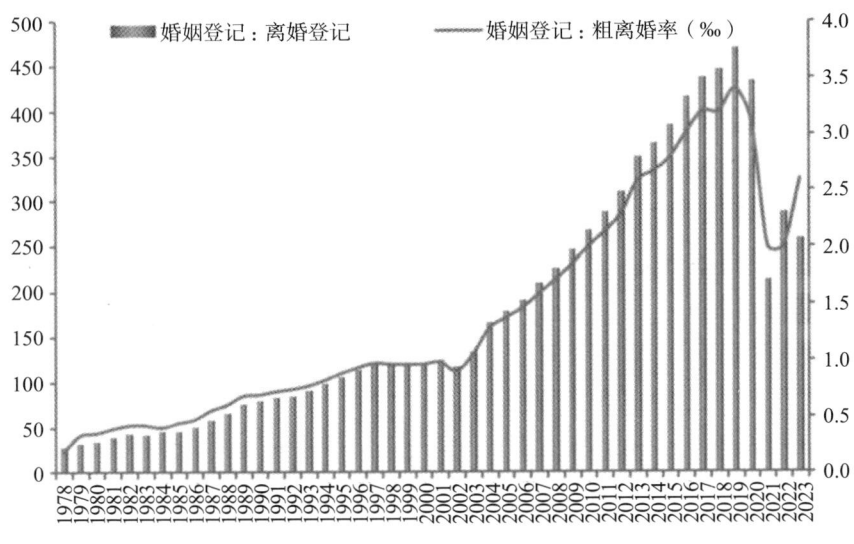

图 5-15　我国近年离婚率

（图片来源：根据国家统计局相关数据整理）

二、日本的经验与启示

上述现象的直接后果，即是少子高龄化的加剧。国际社会通常将一个国家或地区 65 岁以上的老年人口占总人口的比例从 7% 增加至 14% 所需要的时间定义为人口老龄化进展速度。日本的人口老龄化在 1970 年为 7%，1994 年为 14%，仅仅用了短短 24 年。日本的老龄化有进一步加重的趋势，根据预测，到 2060 年日本每 5 个人中就有 2 个是 65 岁以上的老年人（施锦芳，2015）。我国 65 岁以上人口占总人口的比例 2000 年超过 7%，开始进入老龄化社会，2021 年为 14.2%，突破了 14%，也仅仅用了 21 年，比日本更快进入老龄化社会，且作为发展中国家呈现"未富先老"的特征。

少子高龄化对日本经济社会具有极大的负面影响，体现在消费及储蓄、政府和企业投资、产业结构优化、国际收支平衡、技术进步及制度创新等方面。日本政府应对少子老龄化的政策主要有：① 积极寻求新市场、刺激国内消费；② 大力推进老龄产业发展；③ 充分利用老年人力资源，扩大老年人再就业机会；④ 放宽移民政策，吸引国外年轻劳动力；⑤ 推进科技创新、提升国际竞争力。

除上述政策外，日本已经发展出完整的医疗看护体系与服务。日本早在2000年就建立了长期护理保险制度，以实现"护理社会化"为目标，提倡全体国民共同承担老人护理问题。该制度是一项强制性保险，凡年满40周岁以上的日本国民均须参加护理保险，参保人每年定期缴纳一定额度的保费就可以在年老后需要护理时启动保险提供的服务。这项制度至今已经实施20余年，历经6次改革，随着家庭结构、护理需求等内外环境的变化不断进行调整和完善。近年来，日本积极探索构建集医疗与护理于一体的"社区综合照料体系"，并提出实现路径为"自助、互助、共助与公助"。各市町村政府、企业、社会团体、志愿者、当地居民以及老年人共同组成一种紧密互助的合作关系网。90年代后，日本持续出台多项政策延缓生育率下降，对国家、地方政府、企业、家庭和个人等不同主体的责任和义务进行了规定，为应对少子化措施提供法律依据，例如，通过政府补贴，减轻育儿家庭的压力，注重构建生育支持性的社会环境，如稳定就业，创建可以帮助女性更好地平衡家庭和工作的社会环境等。2023年4月，日本儿童家庭厅成立，属于由首相直接管理机构，其具体业务部门主要由厚生劳动省和内阁府与儿童相关的部门整合而成，旨在破除儿童家庭政策在管理层面的纵向壁垒，更好地综合应对少子化、儿童虐待、儿童贫困等问题。除此以外，新型互助养老、看护四边形等新的养老模式、社会福利制度也在不断开发中。

自2013年以来，我国虽然持续出台了一系列刺激生育的政策，但是未来老龄人口绝对数量增加带来的人口结构恶化是政府必须应对的难题，"未富先老"的趋势更是加剧了这一问题的严峻性。借鉴日本的经验，面对我国亲密关系领域所出现的问题，本书提出如下针对性建议：① 加强生育支持，制定全方位多层次的保障政策；② 不断探索、开发、完善适合我国国情的养老保障体系；③ 开发老年人力资源，鼓励老年人口再就业；④ 提高性教育课程研发质量，弥补性教育不足对亲密关系发展带来的不利影响。

结语

本书在现代化理论基础上进行构思，认为经济现代化是亲密关系变迁的基础，因此将战后阶段划分为战后经济恢复期（1945—1955），经济增长期（1956—1988），经济低迷期（1989年至今），并通过文献梳理，总结亲密关系研究的特点和相关定义，将亲密关系研究划分为个人、家庭、社会三个层面，以时间上的三阶段和亲密关系的三层次为框架进行研究，尝试搭建理论框架。在资料梳理的基础上得出了初步结论：经济现代化的发展为日本社会亲密关系带来激进的一面，然而由于思想文化现代化进程的滞后，日本性观念仍然趋于保守，在个人层面表现为性教育滞后带来的各种问题，在家庭层面表现为现代家庭的出现和瓦解，晚婚不婚现象突出，在社会道德规范方面主要表现为对性少数群体的认同度较低，同性婚合法化进程缓慢，"性别二元"的刻板印象始终存在。同时，压缩现代化对性观念的影响主要表现为现代家庭的出现和瓦解，青少年问题严重，低欲望社会等。

然而，囿于先行研究的匮乏和笔者自身能力的限制，只能进行粗浅的探讨。本书的不足之处及未来研究展望主要有以下三点：第一，关于"亲密关系"的定义：无论查阅中文、英文还是日文相关文献，目前学术界尚未有明确的定义，同时英文和日文中的对应词也尚不明确，笔者是在广泛收集性学相关资料，通过对与"性""家庭"等相关英文和日文的词典释义的基础上，提出见解，后续研究还可进行进一步的严谨定义。第二，关于"亲密关系"研究框架：本书从个人、家庭、社会三个层面搭建亲密关系研究框架，因缺乏先行研究对照，故制定的框架稍显不足，后续研究可以在此基础上完善这一框架。第三，关于"亲密关系"的指标量化：由于"性"在日本社会属于长期的禁忌话题，因此关于日本人亲密关系的相关大规模社会调查几乎不存在，能收集到的数据仅限于某个群体、某个地区或某个时间段，调查对象往往不会多于1 500人，因此本书很难收集到完整的数据，在量化研究方面只能通过大致的时间点与西方进行对比，后续研究可在此基础上进行更深度的数据挖掘，以期得出更完整的结论。

参考文献

一、中文文献（按姓氏拼音首字母排序）

1.中文图书

[1]（美）阿尔弗雷德·C.金赛.金赛性学报告[M].潘绥铭译.北京：中国青年出版社，2013.

[2]（美）艾莉森·阿列克西.亲密的分离：当代日本的独立浪漫史[M].徐翔宁，彭馨妍译.上海：华东师范大学出版社，2022.

[3]（美）艾里希·弗洛姆.逃避自由[M].刘林海译.上海：上海译文出版社，2015.

[4]（法）安德烈·莫拉利-达尼诺.性关系社会学[M].赵继祯译.北京：商务印书馆，1996.

[5]（英）安东尼·吉登斯.亲密关系的变革：现代社会中的性、爱和爱欲[M].陈永国，汪民安等译.北京：社会科学文献出版社，2001.

[6]（英）安东尼·吉登斯.现代性与自我认同：晚期现代中的自我与社会[M].夏璐译.北京：中国人民大学出版社，2016.

[7]（美）安妮·福斯托-斯特林.赋身以性：性别政治和性的建构[M].南京：江苏教育出版社，2015.

[8]（日）保阪正康.平成史[M].黄立俊译.上海：东方出版中心，2020.

[9]（英）保罗·格拉维特.日本漫画60年[M].周彦译.北京：世界图书出版公司北京公司，2013.

[10]（英）D. H.劳伦斯（D. H. Lawrence）.查泰莱夫人的情人[M].黑马译.南京：译林出版社，2021.

[11]（日）大岛渚.我被封杀的抒情[M].周以量译.北京：新星出版社，2016.

[12]邓佳蕙.简介日本性教育的发展与现况[J].性别平等教育季刊，2010（52）：93—98.

[13]（英）法拉梅兹·达伯霍瓦拉.性的起源：第一次性革命的历史[M].杨朗译.南京：译林出版社，2015.

[14]冯国超.中国古代性学报告[M].北京：华夏出版社，2013.

[15]（德）福尔克马·西古希.性欲和性行为：一种批判的99条断想[M].（德）王旭译.北京：社会科学文献出版社，2018.

[16]（日）富永健一.日本的现代化与社会变迁[M].李国庆，刘畅译.北京：商务印书馆，2004.

[17]（美）葛尔·罗宾等.酷儿理论[M].李银河译.北京：文化艺术出版社，2003.

[18]（英）H·蒙哥马利·海德.西方性文学研究[M].刘明，杨荣鑫，肖仿田译.海口：海南人民出版社，1988.

[19]（美）赫伯特·马尔库塞.爱欲与文明[M].黄勇，薛民译.上海：上海译文出版社，2012.

[20]（英）哈夫洛克·蔼理士.性心理学[M].潘光旦译.成都：四川人民出版社，2019.

[21]（英）哈夫洛克·蔼理士.性与社会[M].潘光旦，胡寿文译.北京：商务印书馆，2016.

[22]（英）赫勃脱夫人.性的故事[M].松涛译.上海：上海社会科学院出版社，2017.

[23]（美）贺兰特·凯查杜里安.性学观止[M].北京：科学技术文献出版社，2019.

[24]何式凝，（加）曾家达.情欲、伦理与权力：香港两性问题报告[M].北京：中国社会科学出版社，2012.

[25]胡佩诚.性健康十五讲[M].北京：北京大学出版社，2009.

[26]胡澎.性别视角下的日本妇女问题[M].北京：中国社会科学出版社，2010.

[27] 黄盈盈.性/别、身体与故事社会学[M].北京：社会科学文献出版社，2018.

[28] （美）J.韦克斯.性，不只是性爱[M].齐人译.北京：光明日报出版社，1989.

[29] （日）江原由美子.性别支配是一种装置[M].丁莉译.北京：商务印书馆，2004.

[30] （美）杰拉西.避孕药的是是非非：杰拉西自传[M].姚宁译.上海：上海科技教育出版社，2005.

[31] （英）雷伊·唐娜希尔.人类性爱史话[M].李意马译.北京：中国文联出版公司，1988.

[32] 李书崇.性文化简史[M].北京：群言出版社，2015.

[33] 李银河，王小波.他们的世界：中国男同性恋群落透视[M].太原：山西人民出版社，1992.

[34] 李银河.福柯与性：解读福柯《性史》[M].呼和浩特：内蒙古大学出版社，2009.

[35] 李银河.女性主义[M].上海：上海文化出版社，2018.

[36] 李银河.虐恋亚文化[M].北京：今日中国出版社，1998.

[37] 李银河.同性恋亚文化[M].呼和浩特：内蒙古大学出版社，2009.

[38] 李银河.性爱[M].北京：生活·读书·新知三联书店，2017.

[39] 李银河.性学入门[M].上海：上海三联书店，2020.

[40] 李银河.中国女性的情感与性[M].呼和浩特：内蒙古大学出版社，2009.

[41] 李卓.日本近现代社会史[M].北京：世界知识出版社，2010.

[42] 刘达临.浮世与春梦：中国与日本的性文化比较[M].北京：中国友谊出版公司，2005.

[43] 刘达临.中华性学辞典[M].哈尔滨：黑龙江人民出版社，1993.

[44] （日）落合惠美子.21世纪的日本家庭：何去何从[M].郑杨译.济南：山东人民出版社，2010.

[45] （英）玛格丽特·沃特斯.女权主义简史[M].朱刚，麻晓蓉译.北京：外语教学与研究出版社，2005.

[46]（英）玛丽·斯托普斯.性的尊重[M].徐海屏译.北京：北京时代华文书局，2020.

[47]（法）米歇尔·福柯.性经验史[M].佘碧萍译.上海：上海人民出版社，2005.

[48] 摩罗.性爱的起源：关于性爱观念与精神文化的人类学思考[M].北京：中华书局，2013.

[49] 潘绥铭，黄盈盈.性社会学[M].北京：中国人民大学出版社，2011.

[50] 潘绥铭，黄盈盈.性之变：21世纪中国人的性生活[M].北京：中国人民大学出版社，2013.

[51] 潘绥铭.存在与荒谬：中国地下"性产业"考察[M].北京：群言出版社，1999.

[52]（英）乔安娜·伯克.性暴力史[M].马凡等译.南京：江苏人民出版社，2014.

[53]（法）乔治·巴塔耶.色情[M].张璐译.南京：南京大学出版社，2019.

[54]（法）让·鲍德里亚.论诱惑[M].张新木译.南京：南京大学出版社，2011.

[55]（法）让·鲍德里亚.消费社会[M].刘成富，全志钢译.南京：南京大学出版社，2014.

[56]（日）日本NHK放送文化研究所.现代日本人的意识解读[M].南京：南京大学出版社，2013.

[57]（日）日本NHK特别节目录制组合.女性贫困[M].李颖译.上海：上海译文出版社，2017.

[58]（法）萨德.美德的磨难[M].史美珍译.济南：山东文艺出版社，1999.

[59]（日）四方田犬彦.日本电影110年[M].王众一译.北京：新星出版社，2018.

[60]（英）萨莉·海因斯.性别是流动的吗？[M].刘宁宁译.北京：中信出版集团，2020.

[61]（美）涩泽尚子.美国的艺伎盟友：重新想象敌国日本[M].牟学苑，油小丽译.南京：江苏人民出版社，2016.

[62]（美）索尼娅·罗斯.什么是性别史[M].曹鸿译.北京：北京大学出版社，

2020.

[63]（日）上野千鹤子.父权制与资本主义[M].邹韵，薛梅译.杭州：浙江大学出版社，2020.

[64]（日）上野千鹤子.近代家庭的形成和终结[M].吴咏梅译.北京：商务印书馆，2004.

[65]（日）上野千鹤子.裙底下的剧场：人为什么要穿内裤？一部日本社会的性文明史[M].郭凡嘉译.台北：联合文学，2017.

[66]（日）上野千鹤子.厌女：日本的女性嫌恶[M].王兰译.上海：上海三联书店，2019.

[67]（日）上野千鹤子，田房永子.从零开始的女性主义[M].吕灵芝译.北京：北京联合出版公司，2021.

[68] 汤祯兆.日本映画惊奇：从大师名匠到法外之徒[M].桂林：广西师范大学出版社，2008.

[69]（日）藤木TDC.日本AV影像史[M].陈涤，阮航译.北京：新星出版社，2013.

[70] 王晴锋.同性恋研究：历史、经验与理论[M].北京：中央民族大学出版社，2017.

[71]（英）韦罗妮克·莫捷.性存在[M].刘露译.南京：译林出版社，2015.

[72]（奥）西格蒙德·弗洛伊德.性学三论[M].廖玉笛译.北京：台海出版社，2018.

[73]（法）西蒙娜·德·波伏娃.第二性I[M].郑克鲁译.上海：上海译文出版社，2011.

[74]（法）西蒙娜·德·波伏娃.第二性II[M].郑克鲁译.上海：上海译文出版社，2011.

[75]（日）小熊英二.平成史[M].欧文东译.北京：社会科学文献出版社，2019.

[76]（美）雪儿·海蒂.海蒂性学报告·男人篇[M].林瑞庭，谭智华译.海口：海南出版社，2016.

[77]（美）雪儿·海蒂.海蒂性学报告·女人篇[M].林淑贞译.海口：海南出版

社，2016.

[78]（美）雪儿·海蒂.海蒂性学报告·情爱篇[M].李金梅译.海口：海南出版社，2016.

[79]（荷）伊恩·布鲁玛.创造日本：1853—1964[M].倪韬译.成都：四川人民出版社，2018.

[80]（美）伊恩·布鲁玛.情热东京[M].白舜羽，郑明宜译.台北：红桌文化，左守创作，2019.

[81]（荷）伊恩·布鲁玛.日本文化中的性角色[M].张晓凌，季南译.北京：光明日报出版社，1989.

[82]（美）伊芙·科索夫斯基·塞吉维克.男人之间：英国文学与男性同性社会性欲望[M].郭劼译.上海：上海三联书店，2011.

[83]《译海》编辑部.审判《查泰莱夫人的情人》[M].广州：花城出版社，1996.

[84]（美）约翰·W.道尔.拥抱战败[M].胡博译.北京：生活·读书·新知三联书店，2015.

[85]（美）约翰·盖格农.性社会学：人类性行为[M].李银河译.呼和浩特：内蒙古大学出版社，2009.

[86]（美）约瑟夫·安德森，唐纳德·里奇.日本电影：艺术与工业[M].张江南，王星译.长春：吉林出版集团有限责任公司，2010.

[87]（日）早川忠典."神国"日本荒唐的决战生活：广告、传单、杂志是如何为战争服务的[M].胡澎译.北京：生活·读书·新知三联书店，2015.

[88]（日）佐藤忠男.大岛渚的世界[M].张加贝译.北京：中国电影出版社，1990.

[89]（日）冲浦和光."恶所"民俗志：日本社会的风月演化[M].张博译.上海：上海三联书店，2015.

[90]（日）竹内长武.战后漫画50年史[M].李斌译.南京：南京大学出版社，2010.

[91]（美）朱迪斯·巴特勒.身体之重：论"性别"的话语界限[M].李钧鹏译.上海：上海三联书店，2011.

[92]（美）朱迪斯·巴特勒.消解性别[M].郭劼译.上海：上海三联书店，2009.

[93]（美）朱迪斯·巴特勒.性别麻烦：女性主义与身份的颠覆[M].宋素凤译.上海：上海三联书店，2009.

2.中文期刊论文

[1] 曹晖.西方"性解放"思潮[J].学习与研究，1987（5）：59—60.

[2] 陈恒安.二十世纪上半叶的生物"性象"观念：马克斯·哈特曼的"一般'性象'理论"[J].哲学与文化，2005（3）：73—94.

[3] 陈华兴.个人生活的自然：论吉登斯生活政治的本质[J].复旦学报（社会科学版），2004（3）：44—52.

[4] 陈华兴.现代·现代性·后现代性：论A·吉登斯的现代性理论[J].浙江社会科学，2006（6）：118—125.

[5] 陈名海.推动修法的日本"Me Too"第一人[J].检查风云，2019（24）.

[6] 陈柔雅，陈国彦."性研究"精选期刊之内容分析：以1990～2019年The Journal of Sex Research为例[J].性学研究，2021（2）：29—49.

[7] 陈月英.《查泰莱夫人的情人》中的女英雄神话架构[J].弘光医专学报，1995（26）：205—221.

[8] 方刚."性自愿"与"性禁忌"：关于乱伦禁忌的现代思考[J].青年探索，1996（6）：35—37.

[9] 费纳.性之异化与死之悲悯：大岛渚故事电影中的性表露[J].艺术评论，2004（2）：33—37.

[10] 宫哲兵.手淫、乱伦、性交的跨文化比较[J].中国性科学，2008（2）：38—40.

[11] 郭景萍.吉登斯民主视野中的情感研究[J].学术论坛，2005（2）：66—70.

[12] 胡澎.战后日本社会的"危"与"机"[J].人民论坛，2020（5）：44—47.

[13] 胡澎.战争期间日本妇女运动家市川房枝的政治转向[J].日本学论坛，2002（Z1）.

[14] 胡其柱.性与生殖的最初状态[J].妇女研究论丛，2002（4）：70—71.

[15] 纪大伟，甘济维."如何翻译Sexuality"演讲纪实[J].妇研纵横，2014（101）：84—89.

[16] 李琳.20世纪90年代中国性伦理嬗变研究[J].婚姻·家庭·性别研究，2015（00）：289—337.

[17] 李先悦，陈学明.贝克、吉登斯自反性现代化理论之比较研究及其理论审视[J].云南社会科学，2015（5）：29—33.

[18] 李艳霞."后物质主义价值观"的现实观照与理论旨趣[J].人民论坛，2020（4）：132—135.

[19] 林海.《查泰莱夫人的情人》：文学与司法的较量[J].检查风云，2015（8）：34—35.

[20] 林育生.分类、问题与认同：西方与泰国的泰国社会多元性别研究[J].台湾东南亚学刊，2019（1）：125—152.

[21] 刘国鸾.性脚本概念于性学研究之应用[J].人文社会电子学报，2011（2）：16—33.

[22] 马红娟.日本妇女社会地位的历史与现状[J].日本研究，1996（2）：33—38.

[23] 潘发勤.纯洁教育及其基本理念分析[J].比较教育研究，2003（10）：51—55.

[24] 潘绥铭.科学避孕的社会历史足迹[J].人口与经济，1987（3）：23—25.

[25] 秦静.权力与身体的双重拷问：福柯《性史》解读[J].史学理论研究，2002（4）：81—87.

[26] 阮芳赋.二十一世纪性学爱恋[J].人文社会电子学报，2005（1）：49—64.

[27] 阮芳赋.性学的发展及其分期[J].性学研究，2011（1）：79—91.

[28] 时间之葬.10部杰作告诉你这才叫青春片[J].国家人文历史，2016（1）：128—133.

[29] 沈杰.后物质主义价值观与主观幸福：从发展理论到发展策略的意义呈现[J].云南大学学报（社会科学版），2019（6）：99—106.

[30] 谈大正.性文化四系统论与"性补偿"问题[J].中国性科学，2014（4）：卷首语.

[31] 唐权.从"造化机论"到"培种之道"：通俗性科学在清末中国社会的传播[J].近代中国妇女史研究，2016（27）：1—94.

[32] 童小军，方奕，漆光鸿.日本、中国台湾两地青少年援助交际的文献综述[J].中国青年研究，2010（8）：84—88.

[33] 王锺陵.论福柯思想的变化过程（上）[J].东南大学学报（哲学社会科学版），2020（2）：5—17.

[34] 王锺陵.论福柯思想的变化过程（下）[J].东南大学学报（哲学社会科学版），2020（3）：5—16.

[35] 汪民安.性与民主[J].读书，2000（10）：98—104.

[36] 王新生."昭和的阿吉"：读什么样的外国史[J].博览群书，2009（6）：23—25.

[37] 王玥.中华人民共和国建立70年来国人性观念的演变[J].中国性科学，2019（9）：1.

[38] 吴锡民.查泰莱夫人的情人官司论[J].广西师院学报，1998（1）：64—68.

[39] 魏丽华.从创世神话看日本人的性观念[J].解放军外国语学院学报，2004（2）：101—103.

[40] 姚惠耀.评介Sabine Fruhstuck《殖民"性"：现代日本的性科学与社会控制》[J].台湾学志，2018（17）：91—99.

[41] 杨朝凯.性的定义[J].台湾性学学刊，2006（2）：65—73.

[42] 杨力.中国现代性观念的起源："五四"科学语境中的性话语分析[J].四川大学学报（哲学社会科学版），2019（6）：28—37.

[43] 杨明萌.论《查泰莱夫人的情人》中爱欲与文明的辩证法[J].大众文艺，2021（1）：19—20.

[44] 杨泽斐.受害者情结与战后日本[J].中国图书评论，2012（11）：101—105.

[45] 刘间文俊，厉河.陈凯歌与大岛渚对话[J].1987（6）：109—116.

[46] 曾竞.英格尔哈特后物质主义理论解读[J].理论月刊，2008（1）：58—61.

[47] 赵璞珊.合信《西医五种》及在华影响[J].近代史研究，1991（2）：67—83.

[48] 章谛梦，李钰.战后日本漫画恶书追放运动及其引发的漫画论争[J].新闻知识，2017（6）：33—36.

[49] 张瑞嵘.近代中国"西医东渐"的先声：合信医学著作《全体新论》译本探源[J].江汉论坛，2017（8）.

[50] 张伟.现代西方"性革命""性解放"理论评析[J].现代哲学，1987（S1）：52—55.

[51] 张之沧，姚国宏.论福柯的性道德的虚无主义[A]."萨特与当代思想"国际学术研讨会会议论文集[C].上海：复旦大学当代国外马克思主义研究中心，2005：1—8.

[52] 周维宏.颠倒和压缩：日本现代化时序考察[J].学术前沿，2012（11）：42—49.

[53] 周维宏.历史社会学视阈下日本两次现代化转型的主要问题分析[J].日本文论，2020（1）：76—109.

[54] 周维宏.日本社会现代化发展的空间压缩特征探析[J].四川师范大学学报（社会科学版），2016（1）：168—176.

[55] 周维宏.日本现代化的压缩式发展及其启示[J].日本学研究，2014（00）：338—346.

[56] 周维宏.如何用第二现代理论进行日本当代史研究[J].日本学研究，2017（00）：297—309.

[57] 周维宏.战后日本社会现代化进程测量和分析[J].日本学刊，2015（6）：127—141.

[58] 钟金华，崔玉芬，阮芳赋.世界古代性学史（公元前3000—公元1492年）：古希腊、古罗马、古埃及之性学发现与发明[J].台湾性学学刊，2005（2）：75—97.

3.中文学位论文

[1] 陈春艳.涉"淫秽物品"犯罪批判[D].兰州：兰州大学，2021.

[2] 陈颖.行走在日本新浪潮风口浪尖的大岛渚——解读大岛渚"性"叙事主体电影的原欲性念与悲悯情怀[D].上海：华东师范大学，2007.

[3] 陈盈睿.猥亵物品刑事管制体系的建构[D].台北："国立"台湾大学，2016.

[4] 陈玉庭.台湾性学相关研究的探讨：以某性学研究所硕士论文为例[D].高

雄：树德科技大学人类性学研究所，2011.

[5] 程皖瑄.从《罗密欧与茱丽叶》论宝冢歌剧团的表演型塑[D].新北：台湾艺术大学，2017.

[6] 范冰杰.论大岛渚电影的艺术特征[D].重庆：重庆大学，2011.

[7] 傅伟栀.美国占领时期日本"潘潘"研究[D].兰州：兰州大学，2021.

[8] 高月.美国占领当局与战后日本妇女改革（1945～1951）[D].杭州：浙江师范大学，2019.

[9] 郝晓东.性观念与社会态度的相互影响研究[D].哈尔滨：黑龙江省社会科学院，2020.

[10] 江咏婕."阿部定"的表象：以《感官世界》和《SADA》为中心[D].新北：淡江大学，2019.

[11] 李韩栋.从"太阳族"到"无赖派"：日本战后电影菊与刀格局[D].上海：上海师范大学，2013.

[12] 林津如.无性之爱：性化社会下的无性恋经验探究[D].高雄：高雄医学大学性别研究所，2014.

[13] 林柔菡.洛丽塔文化之历史发展与现状[D].高雄：义守大学，2014.

[14] 刘冰.战后日本家庭观念的变迁研究（1945～2019）[D].北京：中国社会科学院大学，2020.

[15] 刘琪.中日男色文化比较研究：以16至19世纪为中心[D].杭州：浙江工商大学，2018.

[16] 任杰.同性婚合法化历程：美国经验，台湾借鉴[D].台北："国立"台湾大学，2016.

[17] 谭迪.压抑与反抗：《查泰莱夫人的情人》中的工业文明与性的冲突[D].长沙：湖南师范大学，2011.

[18] 王梦琪.大岛渚电影的艺术特色研究[D].兰州：西北师范大学，2017.

[19] 王维.二战后英国同性婚合法化历程[D].长春：东北师范大学，2018.

[20] 王俞文.宝冢歌剧团《伊丽莎白》跨文化改编研究[D].新北：台湾艺术大学，2018.

[21] 徐倩红.澳门近二十年（1997～2016）"性"议题研究的脉络与趋势[D].

高雄：树德科技大学人类性学研究所，2018.

[22] 严为正.台湾"性别研究界"与"性学界"对Sexuality的理解和认知的比较研究[D].高雄：树德科技大学人类性学研究所，2012.

[23] 尤千萍.以系统性回顾暨内容分析国内外无性恋研究之发展脉络与趋势：自2004到2021年为例[D].高雄：高雄医学大学性别研究所，2021.

[24] 赵冰冰.从男色文化的历史变迁看日本性别意识的动向[D].北京：外交学院，2021.

[25] 章联.福柯"权利与话语"视野中的《查泰莱夫人的情人》解读[D].合肥：安徽大学，2005.

二、日文文献（按姓氏五十音图排序）

1.日文书籍

[1] 青木日出夫.エロスの解放—現代（2）（エロティック・アート・ギャラリー）[M].東京.本の友社，2000.

[2] 赤枝香奈子.近代日本における女同士の親密な関係[M].東京.角川学芸出版，2011.

[3] 赤川学.構築主義を再構築する[M].東京.勁草書房，2006.

[4] 赤川学.セクシュアリティの歴史社会学[M].東京.勁草書房，1999.

[5] 赤川学.性への自由/性からの自由：ポルノグラフィの歴史社会学[M].東京.青弓社，1996.

[6] 赤川学.明治の"性典"を作った男：謎の医学者・千葉繁を追う[M].東京.筑摩書房，2014.

[7] 綾部六郎，池田弘乃.クィアと法：性規範の解放/開放のために[M].東京.日本評論社，2019.

[8] 飯野由里子.レズビアンである＜わたしたち＞のストーリー[M].東京.株式会社シナノ，2008.

[9] 池谷壽夫.セクシュアリティと性教育[M].東京.青木書店，2003.

[10] 石﨑沙織."Xジェンダーという生き方"：男でも女でもない人の恋愛事情：バイセクシュアル×トランスジェンダー対談[M].徳島.総合教

育出版，2019.

[11] 石田仁.はじめて学ぶLGBT：基礎からトレンドまで[M].東京.ナツメ社，2019.

[12] 井上輝子・上野千鶴子・江原由美子.セクシュアリティ[M].東京.岩波書店，1995.

[13] 井上輝子・上野千鶴子・江原由美子.フェミニズム理論[M].東京.岩波書店，1994.

[14] 井上章一，関西性欲研究会（編）.性の用語集[M].東京.講談社，2004.

[15] 上野千鶴子.おんなの思想：私たちは、あなたを忘れない[M].東京.集英社，2013.

[16] 上野千鶴子.女ぎらい：ニッポンのミソジニー[M].東京.紀伊国屋書店，2010.

[17] 上野千鶴子.スカートの下の劇場[M].東京.河出書房新社，1992.

[18] 上野千鶴子.性愛論：対話篇（On sexuality）[M].東京.河出書房新社，1991.

[19] 上野千鶴子.セクシュアリティをことばにする：上野千鶴子の対談集[M].東京.青土社，2015.

[20] 上野千鶴子.ナショナリズムとジェンダー[M].東京.青土社，1998.

[21] 上野千鶴子.発情装置：エロスのシナリオ[M].東京.筑摩書房，1998.

[22] 上野千鶴子.不惑のフェミニズム[M].東京.岩波書店，2011.

[23] 上野千鶴子，宮迫千鶴.つるつる対談：多型倒錯[M].大阪.創元社，1985.

[24] 上野千鶴子.セクシュアリティと家族[M].東京.岩波書店，1991.

[25] 上野千鶴子.買売春解体新書：近代の性規範からいかに抜け出すか[M].東京.柘植書房新社，2020.

[26] 上村千賀子.女性解放をめぐる占領政策[M].東京.勁草書房，2007.

[27] 内田剛弘.愛のコリーダ裁判・全記録[M].東京.社会評論社，1981.

[28] エスムラルダ，KIRA.同性パートナーシップ証明、はじまりました：渋谷区・世田谷区の成立物語と手続きの方法[M].東京.ポット出版，

2015.

[29] 江原由美子.生殖技術とジェンダー[M].東京.勁草書房，1996.

[30] 江原由美子，山田昌弘.ジェンダーの社会学：女と男の視点からみる21世紀日本社会：[M].東京.放送大学教育振興会，2006.

[31] 大浦康介.共同研究ポルノグラフィー[M].東京.平凡社，2011.

[32] 大越愛子.近代日本のジェンダー：現代日本の思想的課題を問う[M].東京.三一書房，1997.

[33] 大越愛子，倉橋耕平.ジェンダーとセクシュアリティ：現代社会に育つまなざし[M].京都.昭和堂，2014.

[34] 奥田暁子（ほか）.占領と性：政策・実態・表象[M].東京.インパクト出版会，2007.

[35] 落合恵美子.21世紀家族へ：家族の戦後体制の見かた・超えかた（第4版）[M].東京.有斐閣，2019.

[36] 落合恵美子，森本一彦，平井晶子.セクシュアリティとジェンダー[M].東京.有斐閣，2022.

[37] 小田亮.性[M].東京.三省堂，1996.

[38] オフェル・シャガン.ニッポン春画百科[M].中條加奈子，高嶋優子（訳）.東京.平凡社，2011.

[39] 掛札悠子."レズビアン"である、ということ[M].東京.河出書房新社，1992.

[40] 加藤秀一.性現象論：差異とセクシュアリティの社会学[M].東京.勁草書房，1998.

[41] 神島二郎.日本人の結婚観：結婚観の変遷[M].東京.講談社，1977.

[42] 川村邦光.セクシュアリティの表象と身体[M].京都.臨川書店，2009.

[43] 河口和也.クイア・スタディーズ[M].東京.岩波書店，2003.

[44] 風間孝，河口和也，守如子，赤枝香奈子.教養のためのセクシュアリティ・スタディーズ[M].京都.法律文化社，2018.

[45] 官野優香.クイア・シネマ・スタディーズ[M].京都.晃洋書房，2021.

[46] 木原雅子.10代の性行動と日本社会：そしてWYSH教育の視点[M].京

都.ミネルヴァ書房，2006.

[47] 九鬼周造."いき"の構造[M].東京.講談社，2003.

[48] 小山静子，斎藤光，今田絵里香（編）.セクシュアリティの戦後史[M].京都.京都大学学術出版会，2014.

[49] サイモン・ルベイ.クィア・サイエンス：同性愛をめぐる科学言説の変遷[M].玉野真路，岡田太郎（訳）.東京.勁草書房，2002.

[50] 佐伯順子."愛"と"性"の文化史[M].東京.角川学芸出版，2008.

[51] 佐倉智美.性別解体新書：身体、ジェンダー、好きの多様性[M].東京.現代書館，2021.

[52] 笹間良彦.図録：性の日本史（第三版）[M].東京.雄山閣，2018.

[53] 沢山美果子.性と生殖の近世[M].東京.勁草書房，2005.

[54] 白田秀彰.性表現規制の文化史[M].東京.亜紀書房，2017.

[55] ジェームズ・ウェルカー.BLが開く扉：変容するアジアのセクシュアリティとジェンダー[M].東京.青土社，2019.

[56] 社会福祉法人共生会SHOWA.性的マイノリティサポートブック：自治体、小中高大学など教育機関、企業の相談窓口にかかわる方の必携書[M].京都.かもがわ出版，2021.

[57] ジェローム・ポーレン.LGBTヒストリーブック：絶対に諦めなかった人々の100年の闘い[M].北丸雄二（訳）.東京.サウザンブックス社，2019.

[58] 砂川秀樹.新宿二丁目の文化人類学：ゲイ・コミュニティから都市をまなざす[M].東京.太郎次郎社エディタス，2015.

[59] 諏訪春雄.アジヤの性[M].東京.勉誠出版，1999.

[60] 杉山麻里子.ルポ：同性カップルの子どもたち：アメリカ"ゲイビーブーム"を追う[M].東京.岩波書店，2016.

[61] "性差の日本史"展示プロジェクト.性差（ジェンダー）の日本史[M].東京.集英社，2021.

[62] 瀬地山角.東アジアの家父長制：ジェンダーの比較社会学[M].東京.勁草書房，1996.

[63] 千田有紀，中西祐子，青山薫.ジェンダー論をつかむ[M].東京.有斐

閣，2013.

[64] 園田寿，臺宏士.エロスと"わいせつ"のあいだ：表現と規制の戦後攻防史[M].東京.朝日新聞出版，2016.

[65] 高橋鉄.性的人間の分析[M].東京.河出書房新社，1992.

[66] 竹内瑞穂."変態"という文化：近代日本の〈小さな革命〉[M].東京.ひつじ書房，2014.

[67] 棚村政行，中川重徳.同性パートナーシップ制度：世界の動向・日本の自治体における導入の実際と展望[M].東京.日本加除出版，2016.

[68] 谷川建司，王向華，呉咏梅.サブカルで読むセクシュアリティ：欲望を加速させる装置と流通[M].東京.青弓社，2010.

[69] 谷口洋幸，齊藤笑美子，大島梨沙.性的マイノリティ判例解説[M].東京.信山社，2011.

[70] 田崎英明.ジェンダー/セクシュアリティ[M].東京.岩波書店，2000.

[71] 茶園敏美.パンパンとは誰なのか：キャッチという占領期の性暴力とGIとの親密性[M].東京.インパクト出版会，2014.

[72] 中本千晶.宝塚歌劇は"愛"をどう描いてきたか[M].東京.東京堂出版，2015.

[73] 中本千晶.タカラヅカの解剖図鑑[M].東京.エクスナレッジ，2019.

[74] 中本千晶.タカラヅカの解剖図鑑：詳説世界史[M].東京.エクスナレッジ，2019.

[75] 永易至文."LGBT"ヒストリー[M].東京.緑風出版，2022.

[76] ナディーヌ・カッタン，ステファヌ・ルロワ.地図とデータで見る性の世界ハンドブック[M].太田佐絵子（訳）.東京.原書房，2018.

[77] 難波紘二.歴史のなかの性—性倫理の歴史[M].広島.渓水社，1994.

[78] 日本性教育協会."若者の性"白書：第8回青少年の性行動全国調査報告[M].東京.小学館，2019.

[79] 南野知惠子.性同一性障害の医療と法：医療・看護・法律・教育・行政関係者が知っておきたい課題と対応[M].大阪.メディカ出版，2013.

[80] 信田さよ子."性"なる家族[M].東京.春秋社，2019.

[81] 橋爪大三郎.性愛論[M].東京.岩波書店，1995.

[82] 原ミナ汰，土肥いつき.にじ色の本棚：LGBTブックガイド[M].東京.三一書房，2016.

[83] 林雄亮，石川由香里，加藤秀一.若者の性の現在地：青少年の性行動全国調査と複合的アプローチから考える[M].東京.勁草書房，2022.

[84] ハンナ・マッケン.フェミニズム大図鑑[M].最所篤子，福井久美子（訳）.東京.三省堂，2020.

[85] 伏見憲明."性"のミステリー：越境する心とからだ[M].東京.講談社，1997.

[86] 伏見憲明.同性愛入門[M].東京.ポット出版，2003.

[87] 伏見憲明.ゲイという"経験"[M].東京.ポット出版，2004.

[88] 藤本哲也.性犯罪研究[M].東京.中央大学出版社，2008.

[89] 別冊宝島.女を愛する女たちの物語：日本で初めて！234人の証言で綴るレズビアン・リポート[M].東京.JICC出版局，1987.5.

[90] 別冊宝島.ゲイの贈り物[M].東京.JICC出版局，1992.7.

[91] 別冊宝島.図说20世紀的性表現[M].東京.JICC出版局，1995.2.

[92] 細谷実.性別秩序の世界[M].東京.マルジュ社，1994.

[93] 堀江有里."レズビアン"という生き方：キリスト教の異性愛主義を問う[M].東京.新教出版社，2006.

[94] 堀江有里.レズビアン・アイデンティティーズ[M].京都.洛北出版，2015.

[95] 前川直哉.〈男同性愛者〉の社会史[M].東京.シナノ印刷，2017.

[96] マシュー・トッド.LGBTQ運動の歴史：ヴィジュアル版[M].龍和子（訳）.東京.原書房，2022.

[97] 宮坂靖子.避妊言説と家族の親密性：日本型近代家族の歴史社会学[M].京都.書肆クラルテ，2020.

[98] 三橋順子.歴史の中の多様な"性"[M].東京.岩波書店，2022.

[99] 宮台真司."性の自己決定"原論：援助交際・売買春・子どもの性[M].東京.紀伊國屋書店，1998.

[100] 村瀬幸浩.セクソロジー・ノート =Sexology Note[M].東京.子どもの未来社，2014.

[101] 藥師実芳.LGBT ってなんだろう？：自認する性・からだの性・好きになる性・表現する性[M].東京.合同出版，2019.

[102] 山口志穂.オカマの日本史[M].東京.ビジネス社，2021.

[103] 矢島正見.戦後日本女装・同性愛研究[M].八王子.中央大学出版部，2006.

[104] 四方田犬彦.大島渚と日本[M].東京.筑摩書房，2010.

[105] 和田好子.やまとなでしこの性愛史：古代から近代へ[M].京都.ミネルヴァ書房，2014.

[106] ロニー・アレキサンダー.セクシュアルマイノリティ：同性愛、性同一性障害、インターセックスの当事者が語る人間の多様な性（第3版）[M].東京.明石書店，2016.

[107] J-G.マンシニ（Jean-Gabriel Mancini）.売春の社会学[M].寿里茂.東京.白水社，1964.

[108] NHK"日本人の性"プロジェクト（編）.データブック：NHK 日本人の性行動・性意識[M].東京.日本放送出版協会，2002.

[109] NHK 放送文化研究所.現代日本人の意識構造（第9版）[M].東京.NHK 出版，2020.

[110] SWASH.セックスワーク・スタディーズ：当事者視点で考える性と労働[M].東京.日本評論社，2018.

2. 日文期刊论文

[1] 赤川学.構築された性から構築する性へ―ジェフリー・ウィークスの理論的変容を通して―[J].現代社会学理論研究，2017（0）：4—13.

[2] 赤川学.開化セクソロジーの研究[J].人文科学論集（人間情報学科編），1998（32）：21—39.

[3] 赤川学.夫婦間性行動のエロス化と規格化：1870 ～ 1970年における科学的な性知識の形成と変容[J].年報社会学論集，1995（8）：155—166.

[4] 赤川学.社会問題としての売買春：社会科学の言語論的転回をふまえ

て[J].人文科学論集人間情報学科編,1996(30):65—84.

[5] 赤川学.社会問題の歴史社会学をめざして[J].社会学評論,2017(1):118—133.

[6] 赤川学.言説の歴史社会学における権力問題[J].年報社会学論集,2002(15):16—29.

[7] 赤川学.1910年代、"貞操の男女平等"の一局面[J].人文科学論集 人間情報学科編,1997(31):101—117.

[8] 赤川学.日本の身下相談・序説:近代日本における"性"の変容と隠蔽[J].社会科学研究,2007(3—4):81—95.

[9] 荒川裕子.性と新しい権力:ミシェル・アーコー《性の歴史Ⅰ 知への意志》に即して[J].哲学と教育,2004(51):24—32.

[10] 五十嵐雅子.D.H.ロレンスの遺産:チャタレイ裁判とその展開(1)[J].帝京平成大学紀要,1995(2):61—69.

[11] 梅崎進哉.チャタレー体制下のわいせつ概念とその陳腐化:ろくでなし子事件を素材として[J].西南学院大学法学論集,2018(4):1—78.

[12] 大村優介."セクシュアリティ"概念を/とともに考える[J].*Gender and Sexuality*,2019(14):81—100.

[13] 小川裕子.ソーシャルワークにおける〈女性〉カテゴリーの問い直し:ジェンダーとセクシュアリティ、クィア理論の視点から欧米の議論を考察する[J].女性学研究,2020(27):89—111.

[14] 岡沢亮.図画のわいせつ性をめぐる裁判の恣意性再考[J].現代社会学理論研究,2017(0):29—41.

[15] 小田亮.ポルノグラフィの誕生:近代の性器的セクシュアリティ[J].国際文化論集=*Intercultural Studies*,1992(6):55—72.

[16] 奥村信幸.BPO(放送倫理・番組向上機構)の機能と社会的意義:放送倫理検証委員会の取り組みを中心に[J].立命館産業社会論集,2010(4):1—29.

[17] 奥村透.ロレンスの性・猥褻・検閲観と《チャタレー》裁判[J].英文学評論,1991(62):1—17.

[18] 王温懿.東映ポルノのジェンダー・ポリティクス：1970年代の日本映画と女[J].Juncture：超域的日本文化研究，2017（8）：150—166.

[19] 王温懿.《愛のコリーダ》による"民主"と"女性解放"：1970年代のポルノグラフィ映画とポリティクス[J].名古屋大学人文学フォーラム，2018（1）：251—267.

[20] 河嶋静代.日本における売春防止法と婦人保護事業の見直しをめぐって[J].女性学年報，2018（0）：16—20.

[21] 狩谷あゆみ."出世する女"はお嫌いですか？：1997年"東電OL殺人事件"に関するマスコミ報道を事例として[J].広島修大論集，2013（2）：67—83.

[22] 木川田朱美，辻慶太.国立国会図書館におけるポルノグラフィの納本状況[J].図書館界，2009（4）：234—244.

[23] 北崎契縁.《チャタレイ夫人の恋人》起訴前後の状況について[J].相愛大学研究論集，1995（11）：15—31.

[24] 近藤真理.《チャタレイ夫人の恋人》再検証[J].東洋大学大学院紀要＝ *Bulletin of the Graduate School*，2013（50）：245—261.

[25] 桑野弘隆.フーコー権力論のセクチュアリティについて[J].社会科学年報，2008（42）：133—149.

[26] 酒井晃.戦後日本社会における高橋鐵のセクシュアリティとナショナリズム[J].文学研究論集，2012（36）：113—130.

[27] 島袋海理.クィア理論の制度化・規範化を考える[J].教育論叢，2020（63）：41—47.

[28] 志田基与師.猥褻概念の論理学：概念の定義不能性と言語ゲーム[J].法社会学，1994（46）：244—248.

[29] 周維宏.文化近代化の含意と測定指標について[J].お茶の水女子大学グローバルリーダーシップ研究所比較日本学教育研究部門研究年報，2018（14）：174—178.

[30] 須永将史.日本における〈セックス/ジェンダー区別〉の使用の変遷[J].ソシオロジ，2016（3）：117—132.

[31] 鈴木文子，池上知子.異性愛者のジェンダー自尊心と同性の同性愛者に対する態度[J].社会心理学研究，2015（3）：183—190.

[32] 田中寛一.ミシェル・フーコーによる同性愛者の歴史[J].天理大学学報，2007（2）：133—145.

[33] 田多井俊喜.クィア理論とトランスジェンダー：性的差異について[J].京都社会学年報=Kyoto journal of sociology，2018（26）：51—56.

[34] 武田誠.猥褻概念の再検討：日本の判例・学説を素材にして[J].関西大学法学論集，1988（1）：138—227.

[35] 飛田茂雄.文芸裁判と"猥褻文書"の概念・上[J].小樽商科大学人文研究，1967（35）：15—51.

[36] 土場学.セクシュアリティの終焉：フーコー、ギデンズのセクシュアリティ論再考[J].比較社会文化，1995（1）：13—21.

[37] 長田博泰."チャタレイ事件"判決における猥褻概念の論理分析[J].社会情報，2003（1）：113—128.

[38] 中西善弘.チャタレイ事件公判速記録[J].天理大学学報，2000（2）：51—58.

[39] 橋本純一.ポストモダニズム期のレジャー理論：M・フーコーの"権力論""身体の政治"に関連して[J].信州大学人文社会科学研究，2008（2）：81—89.

[40] 服部恵典.ポルノグラフィ消費者によるジェンダー化されたジャンルの視聴と解釈：女性向けアダルトビデオを視聴するファンに着目して[J].年報カルチュラル・スタディーズ，2020（0）：35—57.

[41] 林田清明.法による文学規制と〈法と文学〉：チャタレイ裁判再考[J].北大法学論集，2006（2）：1—50.

[42] 古永真一.ジョルジュ・バタイユと《キンゼイ報告》[J].人文学報=The Journal of social sciences and humanities，2014（3）：69—78.

[43] 古川誠."性"暴力装置としての異性愛社会：日本近代の同性愛をめぐって[J].法社会学，2001（54）：80—93.

[44] 藤高和輝.J・バトラーのジェンダー・パフォーマティヴィティとその

もうひとつの系譜[J].*Gender and sexuality: journal of Center for Gender Studies*，ICU=ジェンダー＆セクシュアリティ：国際基督教大学ジェンダー研究センタージャーナル，2017（12）：183—204.

[45] ホーン・川嶋瑤子.フェミニズム理論の現在：アメリカでの展開を中心に[J].ジェンダー研究，2000（3）：43—66.

[46] 松本昌悦.言論・出版の自由といわゆる"猥褻性"：表現の自由とその限界についての理論的考察・中[J].中京法学，1969（3）：155—172.

[47] 向井千代子.《チャタレイ夫人の恋人》におけるロレンスの文明論[J].白鴎女子短大論集=*Hakuoh Women's Junior College journal*，1998（2）：111—128.

[48] 持田幸子."チャタレイ夫人の恋人"への一考察[J].英文学科報，1986：17—27.

[49] 山田晶子.《チャタレー卿夫人の恋人》と現代：ロレンスの描く不倫の特異性について[J].IVY，2007（39）：1—25.

[50] 林姿穂.《チャタレイ夫人の恋人》に描かれる狂気と母性、そして女らしさ[J].三重県立看護大学紀要，2021（25）：1—11.

[51] 渡辺伸一.脱物質主義的価値再考：イングルハート理論に関する批判的一考察[J].年報社会学論集，1993（6）：13—24.

3. 日文学位论文

[1] 王温懿.戦後日本におけるポルノグラフィ映画のポリティクス：1960年代から1970年代の"民主"とジェンダー/セクシュアリティをめぐって[D].名古屋.名古屋大学，2019.

[2] 片桐亮.ジェンダー/セクシュアリティを＜なのる＞ことと〈いきる〉ことの意味：多様な性の〈かたり〉を媒介とした心理臨床学的考察[D].兵庫.兵庫教育大学大学院，2019.

[3] 金普慶.戦後民主主義と女性映画：アメリカ占領期の溝口健二と〈女性解放〉[D].筑波.筑波大学，2015.

[4] 久保田英助.男性セクシュアリティ形成の社会史：近代日本における性道徳と性知識[D].東京.早稲田大学大学院教育学研究科，2012.

［5］酒井晃.戦後日本における男性同性愛への"寛容"と嫌悪[D].東京.明治大学，2016.

［6］新ヶ江章友.日本における"男性同性愛者"の主体化とその経験：HIV/AIDSとともに生きる時代を背景とした分析[D].筑波.筑波大学，2006.

［7］鈴木堅弘.近世春画・春本の図像研究：その背景表現への考察[D].神奈川.総合研究大学院大学，2012.

［8］高藤真作.男性同性愛者のアイデンティティ発達に関する研究：カミングアウトと内在化された同性愛嫌悪に着目して[D].広島.広島大学，2020.

［9］中山良子.戦後日本における青少年のセクシュアリティをめぐる言説と管理：性典映画・太陽族映画と映画規制の動向、および警察の非行対策に着目して[D].大阪.大阪大学，2016.

［10］前川直哉.近現代日本における"男性同性愛者"アイデンティティの受容過程[D].京都.京都大学，2015.

［11］牟田和恵.ジェンダー家族を超えて：近現代の生/性の政治とフェミニズム[D].大阪.大阪大学，2007.

三、英文文献（按姓氏首字母排序）

1. 英文图书

[１] Abe Mark Nornes. *The Pink Book*: *The Japanese Eroduction and its Contexts*[M]. Tokyo: Kinema Club, 2013.

[２] Amin Ghaziani. *Sex Cultures*[M]. Cambridge: Polity Press, 2017.

[３] Anne Bolin&Patricia Whelehan. *Human Sexuality: Biological, Psychological, and Cultural Perspectives*[M]. New York: Routledge, 2009.

[４] B. L. De Mente. *Sex and the Japanese—The Sensual Side of Japan*[M]. Tokyo: Tuttle Publishing, 2006.

[５] Brigitte Steger, Angelika Koch(Edited). *Cool Japanese Men, 6: Studying New Masculinities at Cambridge*[M]. Zurich: Lit Verlag, 2018.

[6] Brigitte Steger, Angelika Koch(Edited). *Manga Girl Seeks Herbivore Boy: Studying Japanese Gender at Cambridge*[M]. Zurich: Lit Verlag, 2013.

[7] Brigitte Steger, Angelika Koch, Christopher Tso(Edited). *Beyond Kawaii: Studying Japanese Feminities at Cambridge*[M]. Zurich: Lit Verlag, 2021.

[8] Carola Hommerich, Naoki Sudo&Toru Kikkawa(Edited). *Social Change in Japan, 1989–2019: Social Status, Social Consciousness, Attitudes and Values*[M]. Oxon: Routledge, 2021.

[9] D. Hayes. *The Japanese Disease: Sex and Sleaze in Modern Japan*[M]. New York: iUniverse, 2005.

[10] D. H. Lawrence. *Lady Chatterley's Lover*[M]. London: Macmillan Collector's Library, 2017.

[11] David Blake Willis&Stephen Murphy-Shigematsu. *Transcultural Japan: At the borderlands of race，gender，and identity*[M]. New York: Routledge, 2008.

[12] Dimitri Levas. *Pictures: Robert Mapplethorpe*[M]. S. l.: Arena Editions, 1999.

[13] DK. *The Feminism Book*[M]. London: DK, 2019.

[14] Donna J. Haraway. *Simians, Cyborgs, and Woman: The Reinvention of Nature*[M]. New York: Routledge, 1991.

[15] Eve Kosofsky Sedgwick. *Epistemology of the Closet*[M]. California: University of California Press, 1990.

[16] Harriet Bradley. *Gender* (Second Edition)[M]. Cambridge: Polity Press, 2013.

[17] Janell L. Carroll. *Sexuality Now: Embracing Diversity* (6th ed)[M]. Boston: Cenage Learning, 2019.

[18] Jeffrey Weeks. *Sexuality* (Fourth Edition)[M]. New York: Routledge, 2017.

[19] Jerrold S. Greenberg et al. *Exploring the Dimensions of Human Sexuality* (Sixth Edition)[M]. Burlington: Jones&Bartlett Learning, 2017.

[20] Joan Wallach Scott. *Gender and the Politics of History*[M]. New York: Columbia University Press, 1988.

[21] Joan Wallach Scott. *The fantasy of feminist history*[M]. Durham: Duke University Press, 2011.

[22] Joan Wallach Scott. *Feminism and history*[M]. Oxford ; New York ; Tokyo: Oxford University Press, 1996.

[23] Judith Butler. *Bodies That Matter: On the Discursive Limits of "Sex"*[M]. Oxon: Routledge, 1993.

[24] Judith Butler. *Gender Trouble: Feminism and the Subversion of Identity*[M]. New York: Routledge, 1990.

[25] Judith Butler and Joan W. Scott. *Feminists theorize the political*[M]. New York: Routledge, 1992.

[26] Kathleen E. Hull. *Same-Sex Marriage: The cultural politics of love and law*[M]. Cambridge: Cambridge University Press, 2006.

[27] Ken Plummer. *Telling Sexual Stories: Power, Change and Social Worlds*[M]. New York: Routledge, 1995.

[28] Kim M. Phillips&Barry Reay. *Sex before Sexuality: a Premodern History*[M]. Cambridge：Polity Press, 2011.

[29] Leonie R. Stickland. *Gender gymnastics: Performing and Consuming Japan's Takarazuka Revue*[M]. Melbourne: Trans Pacific Press, 2008.

[30] Mark McLelland. *Queer Japan from the Pacific war to the internet age*[M]. Oxford: Rowman&Littlefield Publishers, 2005.

[31] Matthew Todd. *Pride: The Story of the LGBTQ Equality Movement*[M]. London: Welbeck, 2021.

[32] Nancy Whittier. *The Politics of Child Sexual Abuse: Emotion, Social Movements, and the State*[M]. Oxford：Oxford University Press, 2009.

[33] Nora Kottmann&Cornelia Reiher et al(Edited). *Studying Japan: Handbook of Research Designs, Fieldwork and Methods*[M]. Baden-Baden: The Deutsche Nationalbibliothek, 2020.

[34] Ritch C. Savin-Williams/Kenneth M. Cohen(Edited). *The Lives of Lesbians, Gays, and Bisexuals: Children to Adults*[M]. Fort Worth: Harcourt Brace

College Pub., 1996.

[35] Roger Goodman. *Family and Social Policy in Japan: Anthropological Approches*[M]. Cambridge: Cambridge University Press, 2002.

[36] Sabine Fruhstuck. *Colonizing Sex: Sexology and Social Control in Modern Japan*[M]. California: University of California Press, 2003.

[37] Sean Brady&Mark Seymour(Edited). *From Sodomy Laws to Same-Sex Marriage: International Perspectives since 1789*[M]. London: Bloomsbury Publishing, 2019.

[38] Sharon Chalmers. *Emerging Lesbian Voices from Japan*[M]. New York: Routledge, 2002.

[39] Simon LeVay. *Queer Science: The Use and Abuse of Research into Homosexuality*[M]. London: MIT Press, 1996.

[40] Simone de Beauvoir. *The Second Sex*[M]. New York: Alfred A. Knopf, 2010.

[41] Sonya O. Rose. *What is Gender History?*[M]. Cambridge: Polity Press, 2010.

[42] Vera Mackie. *Feminism in modern Japan: Citizenship, Embodiment and Sexuality*[M]. Cambridge: Cambridge University Press, 2003.

[43] Virginia Erhardt. *Head Over Heels-Wives Who Stay with Cross-Dressers and Transsexuals*[M]. New York: Routledge, 2013.

2. 英文期刊论文

[1] A. Macleod, M. P. McCabe. *Defining sexuality in later life: A systematic review*[J]. Australasian Journal on Aging, 2019 (4): 6—15.

[2] Chetneti Srisa-an. *A Classification of Internet Pornographic Images*[J]. International Journal of Electronic Commerce Studies, 2016 (1): 95—104.

[3] Furukawa Makoto&Angus Lockyer. *The Changing Nature of Sexuality: The Three Codes Framing Homosexuality in Modern Japan*[J]. U. S. -Japan Women's Journal. English Supplement, 1994 (7): 98—127.

[4] Futoshi Koga. *A review of pornographic images in the 1970s in Japan: centered around "Nikkatu roman porno film"*[J]. Iconics, 1992 (0): 125—137.

［5］Hiroko Furukawa. *Connie's language and sexuality: Lady Chatterley's Lover in Japanese*[J]. PERSPECTIVES, 2018 (3): 377—390.

［6］Ioana Fotache. *Matters of the Flesh: Japanese Herbivore Men and the Asexuality Umbrella*[J]. Gender and sexuality: journal of Center for Gender Studies, ICU, 2016 (11): 175—204.

［7］J. Escoffier. *Kinsey, psychoanalysis and the theory of sexuality*[J]. Sexologies, 2020 (29): 35—42.

［8］James R. Alexander. *Obscenity, Pornography, and the Law in Japan: Reconsidering Oshima's In the Realm of the Senses*[J]. Asian-Pacific Law & Policy Journal, 2003 (1): 148—168.

［9］M. Tanakaa, Y. E. Suzukib, I. Aoyamac, K. Takaokad, H. L. MacMillanf. *Child sexual abuse in Japan: A systematic review and future directions*[J]. Child Abuse & Neglect, 2017 (66): 31—40.

［10］Margaret E. Thompson, Steven H. Chaffee & Hayg H. Oshagan. *Regulating Pornography: A Public Dilemma*[J]. Journal of Communication, 1990 (3): 73—83.

［11］Miyuki Nagamatsu et al. *Web-based Education for Preventing Sexual Violence among Junior High School Students in Japan*[J]. School Health, 2019 (15): 34—42.

［12］Philip Seaton. *Reporting the 'comfort women' issue, 1991—1992: Japan's contested war memories in the national press*[J]. Japanese Studies, 2006 (1): 99—112.

［13］Yumi Ozaki et al. *Sexual Problems among Japanese Women: Data from an Online Helpline*[J]. Sexual Medicine, 2015 (3): 295—301.

3. 英文学位论文

［1］A. M. Hambleton. *Consuming Pleasures: Women, Sexuality, and Postfeminism in Post-Growth Japan*[D]. Tokyo. The University of Tokyo, 2017.

［2］Brian P. Walsh. *The Rape of Tokyo: Legends of Mass Sexual Violence and*

Exploitation During the Occupation of Japan[D]. Princeton: Princeton University, 2016.

[3] Chow, Shuk Yee. *The Performance of Female Sexuality through Sensual Dances among Hong Kong and Japanese Women*[D]. Hong Kong: The Chinese University of Hong Kong, 2017.

[4] John Schneiderwind. *Invading Sexuality: Perception and Response in Postwar Japan, 1945～1957*[D]. Kansas: the University of Kansas, 2014.

[5] Kazuyoshi KAWASAKA. *Between Nationalisation and Globalisation: Male Same-Sex Politics in Post-War Japan*[D]. Brighton: University of Sussex, 2015.

[6] Lam, Sze-man. *All about sexuality*[D]. Hong Kong: The University of Hong Kong, 2004.

[7] LEE, Lok Hang. *Lesbian Single Women in Tokyo: Identity, Relationships and Community in a Heteronormative Society*[D]. Hong Kong: The Chinese University of Hong Kong, 2017.

[8] Margaret Camp. *Japanese Lesbian Speech: Sexuality, Gender Identity, and Language*[D]. Arizona: The University of Arizona, 2009.

[9] Mark James McLelland. *Male Homosexuality in Modern Japan: Cultural Myths and Social Realities*[D]. Hong Kong: the University of Hong Kong, 1999.

[10] Masako Endo. *"Sexualized People" and the Remaking of the Japanese Woman: Nation, Gender, and Sexuality during the U. S. Occupation of Japan*[D]. New York: State University of New York at Binghamton, 2011.

[11] Michael John Arnold. *Sex Every Afternoon: Pink Film and the Body of Pornographic Cinema in Japan*[D]. Michigan: the University of Michigan, 2015.

[12] Peter Kenneth Alilunas. *Smutty Little Movies: The Creation and Regulation of Adult Video, 1976～1986*[D]. Michigan: the University of Michigan, 2013.